Jean Pütz · Ellen Norten ·
Vladimir Rydl · Sabine Fricke

Hobbythek – Gesundes Wohnen

NATÜRLICHE LEBENSQUALITÄT IN DEN EIGENEN VIER WÄNDEN

Die Deutsche Bibliothek – CIP-Einheitsaufnahme

Gesundes Wohnen : natürliche Lebensqualität in den eigenen vier Wänden / Jean Pütz…
– 1. Aufl. – Köln – vgs, 2000
   (Hobbythek)
   ISBN 3-8025-6220-8

Die Vorschläge und Rezepte in diesem Buch sind von Autoren und Verlag nach bestem Wissen und Gewissen sorgfältig erwogen und geprüft. Autoren und Verlag übernehmen keine Haftung für etwaige Personen-, Sach- und Vermögensschäden, die sich aus dem Gebrauch oder Missbrauch der in diesem Buch dargestellten Informationen und Rezepte ergeben.

Bildquellen:
S. 8: Deutsche Post AG, Bonn; S. 12: Auro AG, Braunschweig;
S. 24: Heidelberger Naturfarben GmbH & Co.KG, Heidelberg;
S. 34: FSC Trademark © 1996 Forest Stewardship Council A.C.;
S. 35, 73, 77: Vorratsschutz GmbH, Laudenbach;
S. 38: Mauritius - Engelhardt; S. 39: Henkel KGaA, Düsseldorf;
S. 43: RAL, Deutsches Institut für Gütesicherung und Kennzeichnung E.V.;
S. 58: Fritz Häcker & Sohn GmbH + Co, Vaihingen-Enz; S. 61: Haribo GmbH & Co.KG, Bonn;
S. 66, 67: Prof. Jan-Peter Frahm, Botanisches Institut, Universität Bonn; S. 70: Ellen Norten, Bonn;
S. 74: WDR, Köln; S. 75: AMW Nützlinge GmbH, Pfungstadt;
S. 80: Kommunale Aktionsgemeinschaft zur Bekämpfung der Schnakenplage e.V., Ludwigshafen.

Alle übrigen Fotos: Cornelis Gollhardt, Köln/Stephan Wieland, Düsseldorf.

Grafiken: Designbureau Jochen Kremer/Gabi Mahler, Köln.

1. Auflage 2000
© vgs verlagsgesellschaft Köln, 2000

Umschlagfoto vorne: TCL/Bavaria
Umschlagfoto hinten: Cornelis Gollhardt, Köln/Stephan Wieland, Düsseldorf
Umschlaggestaltung: Alexander Ziegler, Köln
Redaktion: Stefanie Koch
Lektorat: Alexandra Panz
Produktion: Wolfgang Arntz
Satz: Kalle Giese Grafik, Overath/Achim Münster
Druck: Westermann Druck, Zwickau
Printed in Germany
ISBN 3-8025-6220-8

Besuchen Sie unsere Homepage im WWW:
http://www.vgs.de

Inhalt

Liebe Leserinnen und Leser,

nachdem wir uns in der letzten Zeit vorwiegend mit Themen beschäftigt haben, die der Erhaltung unserer Gesundheit und dem lustvollen Altwerden gedient haben, und einen revolutionären Waschmittelbaukasten (Stichwort: nie mehr Koch- oder 60-Grad-Wäsche) entwickelt haben, wollen wir mit diesem Buch wieder an alte Traditionen der Hobbythek anknüpfen, d. h. Themen, die Ihnen „Wissenschaft im Alltag" näher bringen. Wo kann sie uns nützen und wie kann sie uns das Leben erleichtern? Rezepte und Tipps, um Produkte, die von der Industrie nicht optimal gelöst sind, in die eigenen Hände zu nehmen, denn: Selbst ist der Mann bzw. die Frau!

Besonders wichtig ist dies natürlich für unsere unmittelbare Umgebung: unser trautes Heim. In diesem Buch wollen wir uns daher mit dem natürlichen und gesunden Wohnen beschäftigen – nach dem Motto: „My home is my castle", also „Mein Haus ist meine Burg" – der Bereich, in dem wir *selbst* bestimmen

können, wer ihn betritt, und den wir nach eigenen Vorlieben gestalten dürfen. Hier können wir den Stress des Alltags abbauen, ohne durch ungebetene Gäste gestört zu werden – das ist ein Prinzip, das eng mit der Selbstbestimmung der eigenen Person zusammenhängt, das aber in der modernen Zeit immer mehr durchbrochen wird.

Denn eine spezielle Art von Gästen schleicht sich immer häufiger in unsere Wohnungen ein, denen wir – würden wir ihre wahren Eigenschaften kennen – sofort die Tür verböten. Sie sind meist unsichtbar und auch für unsere Nasen und Ohren nicht zu bemerken. Die Rede ist natürlich nicht von menschlichen Gästen, sondern von Schadstoffen, die wir uns durch Farben und Lacke, Holzpflegemittel, Klebstoffe oder Pestizide bzw. Insektizide ins Haus holen. Häufig setzen wir damit unwissentlich den Zünder einer Zeitbombe in Gang. Solche Stoffe sind in vielen freiverkäuflichen Produkten enthalten, bedenkliche

Substanzen, über die der Hersteller oder Verkäufer – bewusst oder unbewusst – keine Rechenschaft abgibt; oft hat es auch der Gesetzgeber versäumt, entsprechende Vorschriften zu erlassen. So fehlt beispielsweise jede Deklarationspflicht der Inhaltsstoffe bei Kleb- und Farbstoffen, der Quelle so mancher Allergien und körperlicher sowie psychischer Beschwerden. Eine freiwillige Kennzeichnungspflicht scheint offenbar nicht zu funktionieren. Hier ist der Gesetzgeber dringend gefordert.

Diese gesetzliche Lücke hat uns übrigens vor 15 Jahren dazu veranlasst, unsere Kosmetik zum Selbermachen zu entwickeln, allerdings stets mit dem Tenor, dass wir dies in dem Augenblick für überflüssig erklären, in dem die Inhaltsstoffe der industriell hergestellten Kosmetika ordnungsgemäß deklariert würden.
Nun, ein Gutteil dieser Forderung ist mittlerweile erfüllt, sodass ich durchaus verstehen kann, dass selbst hergestellte

Kosmetik kein Renner mehr ist. Unter dieser Voraussetzung ziehen wir uns gerne aus diesem Bereich zurück. Trotzdem werden wir natürlich immer ein waches Auge auf das Geschehen haben.

Leider ist die Industrie bei den Produkten, die wir Ihnen im vorliegenden Buch „Gesundes Wohnen" vorstellen, noch lange nicht so weit, sodass es sich wieder einmal lohnt, laut zur Hilfe zur Selbsthilfe aufzurufen bzw. vielfältige Rezepte zu entwickeln, um Ihnen die Möglichkeit zu geben, auf Substanzen zurückgreifen zu können, die gesundheitlich unbedenklich und außerdem umweltfreundlich sind.

Wir haben eine ganze Menge Alternativen zu herkömmlichen Produkten auf Lager, doch es wird uns nicht leicht gemacht. Die großen Konzerne sind mittlerweile nämlich schlauer geworden. Am Beispiel unseres Niemextrakts möchte ich Ihnen das verdeutlichen: Die Pflanzenschutzmittelindustrie hat den Kampf gegen das Multitalent zur sanften Vertreibung von Ungeziefer aller Art aufgenommen, da ein Wirkstoff des Niembaums jetzt standardisiert und damit für den Pflanzenschutz zugelassen werden konnte. Nun kann auch diese Industrie mit dem Niembaum werben und möchte sich die lästige Konkurrenz durch die von uns propagierten natürlichen Niemroh-

stoffe vom Hals halten. Aber die Hobbythek wäre nicht die Hobbythek, wenn wir nicht Auswege finden würden (siehe *Seite 69 f.*).

Es ist uns auch diesmal wieder gelungen, Ihnen eine ganze Reihe von Rohstoffen zugänglich zu machen, die es ermöglichen, gesund und ohne schlechtes Gewissen die Umgebung zu gestalten. Besonders stolz sind wir auf die Farben der Hobbythek, auf natürliche Holzschutz- und -pflegemittel sowie auf unsere Klebstoffe, die garantiert harmlos sind. Das ist besonders wichtig, wenn man Teppiche verlegen will. Und wenn Sie so nebenbei in unserem Buch auch auf Gummibärchen stoßen, dann ist dies durchaus gewollt.

Aber auch bei den Pflanzenschutzmitteln ist es uns gelungen, einen völlig neuen Extrakt, nämlich den Moosextrakt, gegen Schimmelpilze und Pflanzenschädlinge ausfindig zu machen – dank seriöser wissenschaftlicher Forschungen. Weiterhin gehen wir Mücken und anderen Insekten mit neuen und innovativen Mitteln „an den Kragen", ohne die Gesundheit oder die Umwelt zu belasten. Besonders elegant gelingt uns das bei den Kleidermotten und den sich immer mehr auf dem Vormarsch befindlichen Mehlmotten, die mithilfe ihrer natürlichen Feinde bekämpft und mit

ihren eigenen Waffen, speziellen Duftstoffen, Pherome genannt, geschlagen werden.

Kurzum, ich denke, dass es uns mit diesem Buch gelungen ist, Ihnen Vorschläge und Lösungen für Probleme rund um das Wohnen zu bieten, die ein Segen für Ihre Gesundheit und die Umwelt darstellen.

Bedanken möchte ich mich sowohl bei den Wissenschaftlern, die uns so kompetent beraten haben, als auch bei dem Physiker Marcus Werner, der so manches Produkt für uns auf Herz und Nieren getestet hat, und natürlich bei meinen Autoren Ellen Norten, Sabine Fricke und Vladimir Rydl, die in unermüdlicher Arbeit alles rund ums Haus zusammengetragen und auf den Punkt gebracht haben. Ich möchte mich aber auch ganz besonders bei unserer vgs-Redakteurin Alexandra Panz bedanken.

Und nun wünsche ich Ihnen viel Spaß beim Lesen dieses Buches. Möge es ein unentbehrliches Hilfsmittel in Ihrer Alltagsbewältigung werden.

Ihr

Wohlbefinden zu Hause

Die eigenen vier Wände – egal ob gemietet oder Eigentum, groß oder klein, alt oder neu – sind unser ganz persönliches Reich. Hier sind wir völlig privat, geschützt vor den Blicken der Nachbarn, Kollegen und Freunde. Nur auf eine Einladung hin dürfen Fremde dieses Reich betreten. Wie wir es gestalten, bleibt allein uns überlassen; entscheidend ist jedoch, dass wir uns hier wohl fühlen.

Auch muss sich niemand rechtfertigen, wenn er hier seinen Schrank rot anstreicht oder ein Bild an die Wand hängt, das dem aktuellen Zeitgeist überhaupt nicht entspricht.

Doch schauen wir uns einmal kritisch um. Fühlen wir uns hier wirklich zu Hause oder sind wir eher Gast, der an einer starren Ordnung von Möbeln nichts verändern darf? In welchen Zimmern sind wir

Abb. 1:   Ein gemütliches Zimmer, in dem wir uns wohl fühlen, ist eine Oase der Entspannung in der Hektik unseres stressigen Alltages.

besonders gern und wo empfinden wir eher einen inneren Abstand?

Feng-Shui –
Raumgestaltung aus Fernost

Feng-Shui ist die hauptsächlich in der chinesischen Welt beheimatete und mehrere tausend Jahre alte taoistische Kunst und Wissenschaft vom Leben in Harmonie mit der Umgebung. Durch die vermehrte Beschäftigung mit fernöstlichen Lebensweisheiten ist es inzwischen auch in Deutschland sehr populär geworden. Hauptziel bleibt der richtige Umgang mit dem so genannten „Qi" eines Ortes – der aktiven Kraft, die in der Erde und den Naturgewalten strömt, die alles Leben hervorbringt und den Körper entlang der Akupunkturmeridiane durchfließt. Wichtig zur Ermittlung des Qi sind zum einen persönliche Daten, z. B. das genaue Geburtsdatum, zum anderen äußere Daten wie die fünf Elemente Erde, Holz, Feuer, Metall und Wasser, denen zugeschrieben wird, dass sie den Ablauf der Naturerscheinungen regeln. Dabei sind diese Elemente nicht als reale Substanzen zu verstehen, sondern als Symbole und abstrakte Kräfte für bestimmte grundle-

gende Eigenschaften von Materie. Gelegentlich werden auch schon elektromagnetische Felder berücksichtigt.

Demnach beeinflussen sich geologische Formen wie Berge und Wasserläufe und künstliche Formen wie z. B. Straßen, Gebäude, aber auch Möbel gegenseitig.
Ein Großteil des angewandten Feng-Shui besteht nun darin, die Wechselwirkungen dieser Elemente in ihrer physischen Umgebung zu deuten und für den Menschen zu nutzen bzw. zu optimieren. Hinter einfachen, handfesten Regeln, z. B. zur Lage einer Wohnung und zu ihrer Einrich-

tung, verbergen sich meist komplexe Ideen. Bei vielen Chinesen werden die Regeln des Feng Shui sehr ernst genommen, und selbst bei der Architektur von Geschäftshäusern spielt Feng Shui eine wichtige Rolle.
Doch an solch strenge Maßstäbe müssen wir uns gar nicht halten: Manchmal ist es nur ein Blumenstrauß, der besonders gut zur Geltung kommt, eine schöne Tischdecke, Gardinen mit einem attraktiven Muster usw., die ein Zimmer besonders gemütlich machen. Ein lustiger Vorhang im Kinderzimmer, ein schicker Anstrich im Wohnzimmer oder dem oft vernachlässigten Flur kann wahre Wunder bewir-

Abb. 2:   Aktionskünstler HA Schult verwandelte eine 25 Jahre alte Bauruine vor den Toren Bonns in ein Symbol für ein vereintes Europa. An der Fassade wurden 130 Portraits von Persönlichkeiten montiert, die Europa geprägt haben.

ken. Holzelemente an Wand oder Decke können Räumen ein ganz spezielles Flair verleihen. Kleine Räume lassen sich durch das geschickte Anbringen von Spiegeln optisch vergrößern.

Dass sogar äußerst hässliche Räume bzw. Bauwerke zu wahren Schönheiten werden können, dafür gibt es manchen Beweis. In der Nähe von Bonn, in Troisdorf, steht seit über 20 Jahren eine riesige Bauruine an der Autobahn. Ursprünglich als Hotel geplant, gingen den Bauherren die Gelder aus, und zurück blieb ein monumentaler und äußerst hässlicher Betonklotz. Im Herbst 1999 hat der Künstler HA Schult diese Ruine entdeckt und zu einem einzigen Kunstwerk umgestaltet. Das „Hotel Europa" beherbergt die Bilder von Prominenten aus Politik und Kunst. Abends wird dieses besondere Hotel sogar angestrahlt und erfreut mit seinem Anblick die vorbeifahrenden Autofahrer.

Gefahren in den eigenen vier Wänden

Bei aller Schönheit wollen wir natürlich einen Aspekt nicht aus den Augen verlieren, nämlich die Gesundheit, denn auch unser Heim kann jede Menge Giftstoffe bergen. Lacke, Wandfarben, Holzschutzmittel oder Klebstoffe, aber auch Mittel zur Ungezieferabwehr und sogar manche Putzmittel sind für die Gesundheit eine echte Gefahr. Immer häufiger gibt es Menschen, die Krankheitssymptome ohne klar erkennbare Ursachen entwickeln. Wenn diese Symptome wie Übelkeit, Gliederschmerzen oder Müdig-

keit zeitgleich mit einem Umzug in ein neues Haus oder eine neue Wohnung auftreten, so liegt die Vermutung nahe, dass Schadstoffe wie Dämpfe aus Farben, Lacken, Baustoffen oder Putzmitteln daran schuld sein können.

Oft werden die Betroffenen von ihrer Umwelt nicht ernst genommen, v. a. dann, wenn im gleichen Haushalt weitere Personen leben, die sich völlig gesund fühlen und keinerlei Symptome zeigen. Dass es sich dabei nicht um eingebildete Krankheiten handelt, konnten amerikanische Wissenschaftler jetzt nachweisen. Denn: Erbanlagen bestimmen unsere Empfindlichkeit gegenüber Umweltgiften. Die Wissenschaftsrichtung, die dies erforscht, heißt Ökogenetik. Die Untersuchungen wurden u. a. an Rauchern vorgenommen, von denen statistisch gesehen 7 von 100 an bösartigen Lungentumoren sterben, obwohl alle von ihnen regelmäßig Teer und andere Schadstoffe aus der Zigarette inhalieren. Bei seinen Untersuchungen stieß Prof. Daniel Nebert vom medizinischen Zentrum der Universität von Cincinnati, Ohio, auf einen besonderen Rezeptor. Rezeptoren sind Erkennungsstrukturen in den Körperzellen, die nach dem Schlüssel-Schloss-Prinzip die für den jeweiligen Rezeptor typischen Verbindungen erkennen und binden, sodass sie u. a. abgebaut werden können. Der von Prof. Nebert entdeckte sogenannte AH-Rezeptor hat eine Besonderheit: Er reagiert nämlich bei verschiedenen Menschen unterschiedlich sensibel. Je empfindlicher der Rezeptor ist, desto geringer muss die Konzentration des betreffenden Stoffes sein, um

vom Rezeptor gebunden zu werden. D. h. hier entstehen schon bei geringsten Mengen für den Körper schädliche Abbauprodukte, die im schlimmsten Fall eine Krebserkrankung auslösen können. Der unempfindliche Rezeptor reagiert dagegen nicht und belässt die Stoffe chemisch unverändert. So bleiben sie träge und fügen weder den Körperzellen noch dem genetischen Material größeren Schaden zu. Der Grund für diese unterschiedliche Sensibilität liegt – vereinfacht ausgedrückt – in dem Gen begründet, das den Bauplan für den AH-Rezeptor besitzt. AH steht übrigens für aromatische Kohlenwasserstoffe bzw. Hydrocarbonverbindungen.

Um Umweltkrankheiten genauer auf die Schliche zu kommen, will Prof. Nebert nun dieses Gen bei über 100 verschiedenen Menschen untersuchen, deren Empfindlichkeit gegenüber Umweltgiften variiert. Übrigens gehen die amerikanischen Forscher auch davon aus, dass das Golfkriegsyndrom, also die Krankheitssymptome, die bei einigen amerikanischen Soldaten nach dem Golfkrieg auftraten, auch auf eine unterschiedlich ausgeprägte Erbanlage zurückzuführen ist.

Doch egal, ob Sie zu den empfindlichen oder weniger empfindlichen Menschen zählen, schon zum Wohl der Allgemeinheit und zum Schutz unserer Kinder gilt es, Schadstoffe zu vermeiden. Und die Hobbythek wäre nicht das, was sie ist, wenn sie nicht auch für den Wohnbereich ungiftige Alternativen zu bieten hätte, damit Sie und Ihre Familie gefahrlos wohnen und leben können.

Alles bunt mit den Farben der Hobbythek

Farben und Lacke – was ist das eigentlich?

In jedem Haushalt wird immer wieder mit Farben oder Lacken gearbeitet. Sei es, dass wir selbst Wände oder Türen streichen, sei es, dass unsere Kinder malen oder wir uns zu Karneval schminken. Fast immer haben wir es dabei mit modernen chemischen Produkten zu tun, die Pigmente und Lösungsmittel enthalten. Lösungsmittel werden beim Trocknen frei und können über die Atemwege oder die Haut aufgenommen werden – manchmal mit unangenehmen Nebenwirkungen.

Grund genug, wissen zu wollen, mit welchen Stoffen man es zu tun hat. Doch bei der Vielzahl der Farben und Lacke, die es im Handel gibt, ist es kaum noch möglich, den Überblick zu behalten; auf über

Abb. 3:   Moderne Lacke sind hochkomplizierte Gemische aus einer Vielzahl von Stoffen.

500 000 schätzt das dafür zuständige Institut des ehemaligen Bundesgesundheitsamtes (BGA), heute „Bundesinstitut für gesundheitlichen Verbraucherschutz und Veterinärmedizin" (BGVV) genannt, die Zahl der industriell und privat eingesetzten Farben und Lacke. Auch wir können Ihnen leider keinen perfekten Leitfaden durch das Dickicht des Angebotes bieten, wir wollen aber erklären, was Farben sind und woraus sie bestehen können. Und natürlich bieten wir Ihnen eine Reihe alternativer Rezepte zur eigenen Farbherstellung.

Im Grunde genommen sind Farben nichts anderes als fein gemahlene Farbstoffpartikel, Pigmente genannt, die mit einem Klebstoff, dem Bindemittel, auf eine Oberfläche geklebt werden können, um diese zu färben, vor Korrosion zu schützen oder pflegeleichter zu machen. Dazu kommen noch einige Hilfsmittel, die die Eigenschaften der Farbe festlegen.

Eine Farbe besteht im einfachsten Fall aus einem Bindemittel (Kleister), einem Lösungsmittel (z. B. Wasser) und dem Pigment (z. B. Kreide). Eine einfache weiße Farbe kann man sich also sehr schnell selbst herstellen, indem man Tapetenkleister in Wasser auflöst und gemahlene Kreide einrührt. Der Kleister verbindet die Pigmente – die weiße Kreide – miteinander und lässt sie auf dem Untergrund haften, und das Wasser sorgt dafür, dass der Kleister gelöst wird und sich die Farbmasse verstreichen lässt. (Wand-)Farben enthalten sehr viele Pigmente, die durch das Bindemittel nur mit-

einander und mit der Wand verklebt werden. Im Gegensatz dazu bildet sich bei Lacken, vor allem bei den glänzenden, ein durchgängiger, glatter Bindemittelfilm an der Oberfläche aus, unter dem sich die Pigmente befinden. Ein Klarlack ist, vereinfacht ausgedrückt, ein Bindemittel ohne Pigmente.

Moderne Lacke sind, mehr noch als Wandfarben, hochkomplizierte Gemische aus einer Vielzahl von Substanzen. Ein moderner Lack kann neben mehreren Bindemitteln, einem Dutzend leicht flüchtiger Lösungsmittel, Pigmenten und Füllstoffen auch noch eine ganze Anzahl von Hilfsmitteln mit unterschiedlichen Aufgaben wie Weichmachern, Benetzungs- und Verlaufsmitteln, Lösungsvermittlern, Hautverhinderungsmitteln und Konservierungsstoffen enthalten.

Das Problem der fehlenden Deklaration

Obwohl die giftigen Pigmente früherer Zeiten aus den Farben verschwunden sind, kann man den heute auf dem Markt befindlichen Farben und Lacken keineswegs gesundheitliche Unbedenklichkeit bescheinigen. Ganz im Gegenteil: Wir sind bei den Recherchen zum Thema auf Sachverhalte gestoßen, die uns sehr besorgt gestimmt haben, denn es besteht keine Offenlegungspflicht für die Farb- und Lackhersteller gegenüber den Aufsichtsbehörden bezüglich der Inhaltsstoffe. Letztlich mischen und vertreiben diese ihre Produkte ohne nennenswerte staatliche Kontrolle. Unter dem Deckman-

tel des Betriebsgeheimnisses werden nicht einmal Beispielrezepturen offen gelegt.

Eine Ausnahme bilden die Produkte, die mit einem Blauen Engel ausgezeichnet sind. In den Richtlinien der Vergabe des Umweltsiegels ist festgelegt, dass die Rezeptur des auszuzeichnenden Produkts dem Bundesumweltamt zur Überprüfung offen gelegt werden muss. Diese Angaben dürfen allerdings nicht an das BGVV weitergeleitet werden, sodass die eigentlich für die gesundheitliche Bewertung zuständige Behörde Farben und Lacke gar nicht als Ganzes beurteilen kann, sondern sich bei Anfragen auf Angaben zu Einzelsubstanzen beschränken muss. Bei allen anderen Farben und Lacken verweist die Industrie lediglich auf die bestehende Verpflichtung, die in der Gefahrstoffverordnung aufgeführten Substanzen zu deklarieren.

Aber selbst wenn bekannt ist, welche Substanzen in der Farbe enthalten sind, ist nicht sicher, ob diese auch gesundheitlich unbedenklich sind. Zwar muss die Industrie für neue Stoffe in Zukunft eindeutige Untersuchungen über gesundheitliche Auswirkungen vorlegen, aber alles, was vor 1982 oder in der damaligen DDR entwickelt wurde, braucht diese Bedingungen nicht zu erfüllen.

Dieser unhaltbare Zustand schreit förmlich nach Abhilfe. Wenn schon die staatlichen Behörden nur über die Zusammensetzung eines winzigen Teils der gehandelten Farben informiert sind, dann

ist es für den einzelnen Verbraucher schier unmöglich, selbst zu entscheiden, welche Inhaltsstoffe er in seiner Farbe haben möchte und welche nicht.

Dies ist eigentlich völlig unverständlich, denn in Gesprächen mit Vertretern der Industrie wird immer wieder die grundsätzliche Bereitschaft zur Deklarierung beteuert. Man möchte nur keinen Wettbewerbsnachteil gegenüber nicht deklarierenden Mitbewerbern haben. Dieser Einwand ist nachvollziehbar, denn die Namen der Chemikalien klingen mit-

unter abschreckend, auch wenn sich dahinter eine recht harmlose Substanz verbergen mag.

Dennoch sollten wir Konsumenten auf einer gesetzlich vorgeschriebenen, vollständigen Auflistung aller Inhaltsstoffe bestehen. Auch wenn die Industrie behauptet, man könne mit solchen Angaben wenig anfangen, so haben wir dann wenigstens die Möglichkeit, uns zu informieren oder Fachleute zu fragen.

Das Problem betrifft aber auch die Unternehmen selbst, denn Farb- und Lackher-

steller sind zumeist so genannte Konfektionierer. Sie mischen aus zugekauften Rohstoffen und Halbfertigprodukten, z. B. vorgemischten Kunststoffdispersionen, die Farben an. Dabei wird mitunter auch dem Farbhersteller nicht die vollständige Rezeptur des Vorproduktes mitgeteilt. So kann nach heutiger Rechtslage auch der verantwortungsvollste Hersteller nicht völlig sicher sein, ein Produkt mit ausschließlich unbedenklichen Inhaltsstoffen zu verkaufen.

Bislang ist die einzige Möglichkeit, auf den guten Namen des Herstellers zu vertrauen. Aber auch hier gilt: Vertrauen ist gut, Kontrolle ist besser. Eine löbliche Ausnahme bilden die so genannten Naturfarbenhersteller, die möglichst mit natürlich vorkommenden, naturschonend gewonnenen und lang erprobten und als unbedenklich erwiesenen Rohstoffen arbeiten, die darüber hinaus für jedes Rezept offen gelegt werden.

So kann der mündige Verbraucher selbst entscheiden, ob er bereit ist, eventuelle Ausdünstungen der eingesetzten Lösungsmittel zu tolerieren, oder lieber ganz auf die Farben verzichtet.

Die gängigsten Farb- und Lacktypen

Naturharzlacke

Es gibt eine ganze Reihe natürlicher Harze, die in Farben und Lacken eingesetzt werden. Die chemische Industrie ist zwar mittlerweile auf künstlich hergestellte Harze und Kunststoffe umgestiegen, aber die Hersteller so genannter Naturfarben haben diese Produkte wieder entdeckt.

Einige der verwendeten Harze stammen von lebenden Bäumen, etwa Dammar, Mastix oder Benzoe, andere dagegen von fossilen Bäumen wie das Kopalharz oder Bernsteinharz, das aber aus Preisgründen nicht mehr eingesetzt wird. Ein anderes Naturharz, Schellack, der Grundstoff der alten „Schellack"-Schallplatten, ist die Ausscheidung einer tropischen Schildlaus. Kolophonium ist ein Harz, das durch Destillation und chemische Umwandlung von Kiefernharz gewonnen wird.

Um diese teils sehr harten Harze in Lacken einzusetzen, werden sie in einem Lösungsmittel aufgelöst. Dazu können je nach Harz Terpentinöl, Citrusterpene, Isoalliphate oder Testbenzin eingesetzt werden. Terpentinöl hat heute einen eher schlechten Ruf – doch völlig zu Unrecht -, denn dieser gründet auf einer Verwechslung mit Terpentinersatz, einem giftigen organischen Lösungsmittel. Echtes Terpentinöl dagegen ist ein ätherisches Öl, das sogar als Badezusatz verwendet werden kann und aus dem Harz von Fichten, Tannen, Lärchen und Kiefern gewonnen wird. Im Malerhandwerk findet es seit langem Verwendung, da es Ölfarben und Lacke hervorragend löst, z. B. aus Pinseln.

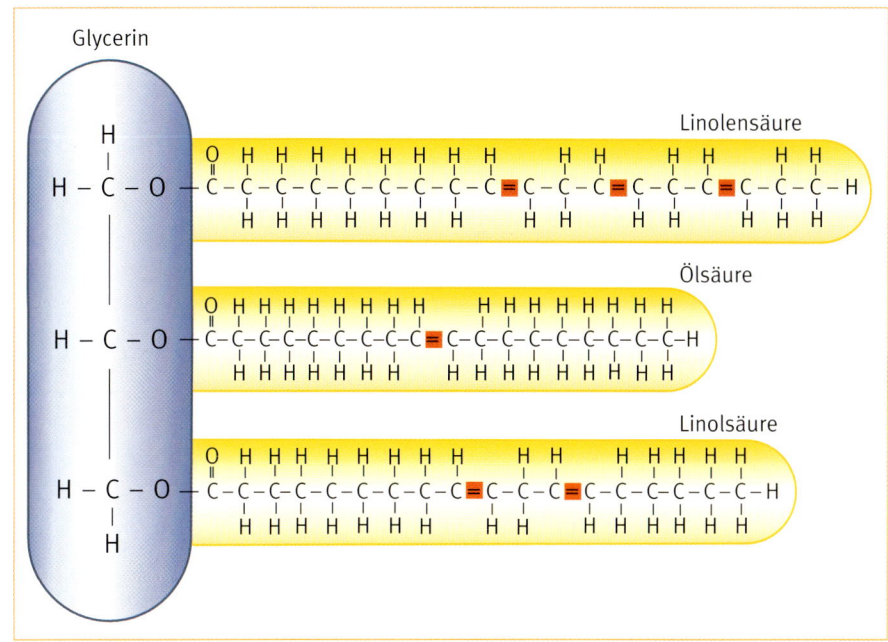

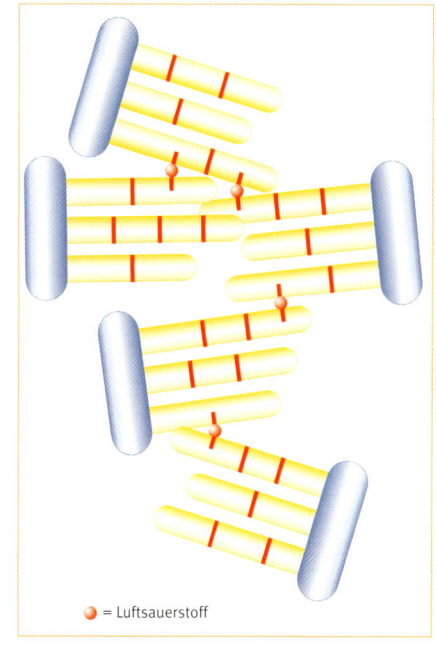

Abb. 5:   Leinöl besteht aus einem Glycerinmolekül, das mit drei Fettsäuren, z. B. Linolen-, Öl- und Linolsäure, verbunden ist. Beim Trocknen kann der Luftsauerstoff mit den Doppelbindungen jeweils zweier Fettsäuren reagieren und diese miteinander verbinden.

13

Viele der Naturharzfarben enthalten zudem trocknende Öle. Dies sind Öle, die in dünner Schicht an der Luft trocknen bzw. erhärten, z. B. Sonnenblumen-, Soja-, Baumwollsaat-, Rizinus-, Saflor-, Holz- und Leinöl. Leinöl ist ein seit Jahrtausenden bewährtes Farben-, Lösungs- und Bindemittel zugleich. Bereits in vorrömischer Zeit stellten die Etrusker Norditaliens Anstrichmittel aus Leinöl und Bleiglätte her. Bleiglätte beschleunigte das Trocknen und diente als Pigment.

Leinöl ist aber auch aufgrund seines hohen Anteils (70 %) an ungesättigten Fettsäuren, z. B. Linolen- und Linolsäure, ein äußerst gesundes Nahrungsmittel. Nun werden Öle mit einem hohen Anteil an ungesättigten Fettsäuren leicht ranzig, d. h. sie reagieren mit dem Sauerstoff der Luft. Genau diese Eigenschaft macht sie aber für Farben geeignet, denn die Öle verharzen dabei und entwickeln einen festen Oberflächenfilm.
Die Leinölmoleküle bestehen aus einem Glycerinmolekül, das mit drei Fettsäuremolekülen, z. B. den ungesättigten Fettsäuren Linolen-, Linol- und Ölsäure, verbunden ist. Beim Ranzigwerden bzw. beim Trocknen kann der Luftsauerstoff mit den Doppelbindungen jeweils zweier Fettsäuren reagieren und diese miteinander verbinden. Sind alle Moleküle miteinander verbunden, d. h. vernetzt, ist der Ölfilm erhärtet (siehe Grafik 5 *Seite 13*). Da der Sauerstoff nur von der Oberfläche her in das Öl vordringt, trocknet es auch von hier aus, und unter einer festen trockenen Haut befindet sich lange Zeit

flüssiges Öl. Das kann leicht zu Faltenbildung oder sogar zu Fingerabdrücken auf noch nicht durchgehärteter Farbe führen. Um diesen Zustand zu vermeiden und die bis zu vier Tagen dauernde Trocknung auf 8 – 16 Stunden zu beschleunigen, gibt man dem Öl ein Trocknungsmittel, ein Sikkativ, zu. Sikkative sind Metallverbindungen aus Cobalt, Mangan oder Zirkonium, früher auch Blei, die den Trockenvorgang stark beschleunigen und bewirken, dass der Film nicht nur von der Oberfläche her trocknet, sondern auch von innen heraus. Häufig wird Leinöl schon mit Sikkativen versetzt als Leinölfirnis angeboten. Angedickt nennt man es Dick- bzw. Standöl.

Obwohl beim Härten von Leinöl ranzige Bestandteile in Form von Aldehyden verdunsten, die in höherer Konzentration zumindest nach dem Anstrich in Verdacht stehen, die Atemwege reizen zu können, sind wir der Meinung, dass Leinöl- und Naturharzfarben ein unverhältnismäßig geringeres Risiko bergen als solche, die mit unzähligen Substanzen aus der chemischen Retorte hergestellt werden.

Lösungsmittel in Naturfarben

Naturfarbenhersteller verwenden vor allem natürlich vorkommende Lösungsmittel wie Terpentinöl oder Citrusterpene. Je nach Harz und Hersteller können allerdings auch aus Erdöl hergestellte Lö-

sungsmittel wie Isoalliphate oder spezielle Sorten von Testbenzin in Frage kommen.
Doch auch natürliche Lösungsmittel bergen Gefahren: Terpentin z. B. kann die früher gefürchtete Malerkrätze auslösen. Allerdings, so argumentieren die Naturfarbenhersteller, haben die von ihnen verwendeten Tepentinöle nichts mit den minderwertigen, früher in Verruf geratenen Ölen gemein. Vor allem das alpha-Pinen, das für die Ekzeme verantwortlich sein soll, sei in den heute eingesetzten, südeuropäischen Sorten gar nicht mehr enthalten. Leider sind unabhängige Untersuchungen zu diesem Thema kaum erhältlich.
Ein weiteres Lösungsmittel sind die Citrusterpene, Öl aus den Schalen von Zitrusfrüchten. Diese werden in Farben in sehr hohen Anteilen, bis über 40 %, eingesetzt und führen bei flächiger Anwendung zu hohen Konzentrationen in der Raumluft. Unter solchen Bedingungen, die beim Anstreichen ja durchaus vorkommen, können die ätherischen Öle mitunter die Atemwege reizen und Kopfschmerzen erzeugen. Um dies zu vermeiden, ist kräftiges Lüften unbedingt notwendig.

Lösungsmittelreiche Kunstharzlacke

Kunstharzlacke, so genannte Alkydharzlacke, gehören im Heimwerkerbereich zu den meistverwendeten Lackarten. Das Alkydharz besteht aus Glycerin, Fettsäu-

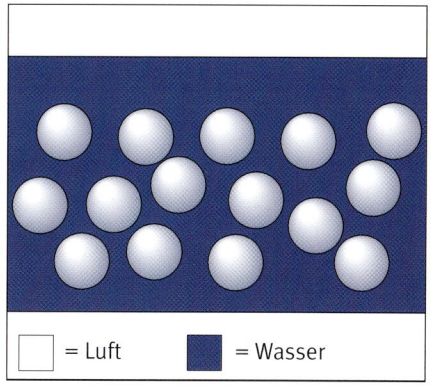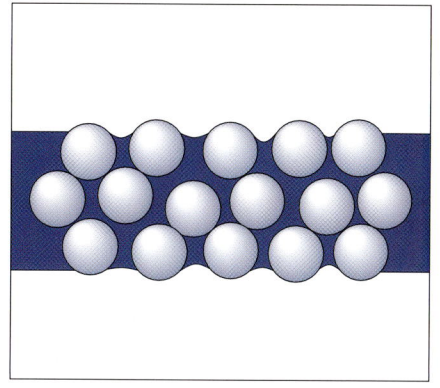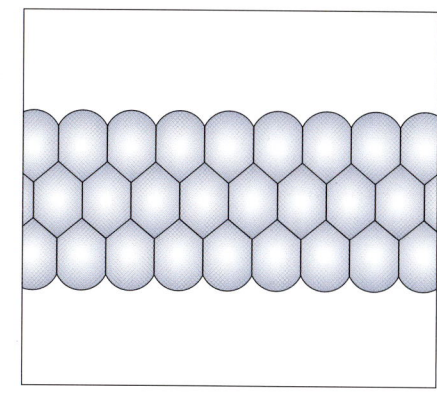

| = Luft | | = Wasser |

Abb. 6: Aushärtung einer Kunststoffdispersion bei wasserverdünnbaren Lacken. Der Vorgang ist durch Weglassen der Pigmente ein wenig vereinfacht: Wenn das Wasser verdunstet, nähern sich die Kunststoffkügelchen einander. Durch die Kapillarkräfte des Wassers werden die Kügelchen fest aneinander gedrückt, sodass die durch das Filmbildehilfsmittel erweichten Oberflächen der Kunststoffteilchen miteinander verschmelzen. Bei wasserverdünnbaren Lacken wird statt des Filmbildehilfsmittels eine Mischung verschiedener Lösungsmittel eingesetzt, die die Kügelchen anlösen.

ren und Phtalsäure, die mehrere Glycerin-moleküle verbindet. Die freien Bindungs-stellen der Glycerinmoleküle sind – wie beim Leinöl – mit Fettsäuren belegt und können sich gleichfalls mit Nachbarmo-lekülen über Sauerstoffbrücken verbin-den. Durch die größeren Moleküle trock-nen die Alkydharzfarben schneller als Leinölfarben.

Bei Lacken soll sich, anders als bei Wandfarben, eine durchgängige, glatte Oberflächenschicht ausbilden. Des-halb spielt das Bindemittel eine sehr große Rolle, und es werden sehr hohe Binde- und damit auch Lösungsmittelge-halte erreicht: Alkydharzlacke können über 40 % Lösungsmittel enthalten. In ei-ner Untersuchung des Umweltbundes-amtes an der Universität Gießen wurden bis zu zwölf unterschiedliche, leicht flüch-tige Kohlenwasserstoffe in einem Alkyd-harzlack gefunden, angefangen beim Toluol, Ethylbenzol über Xylol und Propyl-benzol bis hin zu etlichen unterschiedli-chen Trimethylbenzolarten sowie Alka-nen. Einige dieser Stoffe stehen sogar in Verdacht, Krebs zu erzeugen.

Im Heimwerkerbereich werden aber noch weitaus mehr Lösungsmittel eingesetzt. Ein Institut des früheren Bundesgesund-heitsamtes, das „Institut für gesundheit-lichen Verbraucherschutz", veröffentlichte vor einigen Jahren eine Tabelle mit im „Do-it-yourself-Bereich" gebräuchlichen Lösungsmitteln, in dem allein 41 dieser Substanzen aufgeführt sind. Erstaunlich ist, dass keineswegs von allen eine ge-sundheitliche Bewertung vorliegt, vor al-lem ist so gut wie nichts darüber be-kannt, wie die in Lacken und Farben meist verwendeten Kombinationen der Lösungsmittel auf den menschlichen Or-ganismus wirken.

Dass einige Lösungsmittel bei dau-erhafter Einwirkung schwere Hirn-schädigungen hevorrufen können, gilt trotz heftigen Widerspruchs aus der Lackindustrie mittlerweile als erwiesen. Mit Rücksicht auf Ihre Gesundheit und auf die Umwelt sollten Sie daher auf die Verwendung von Lacken mit hohem

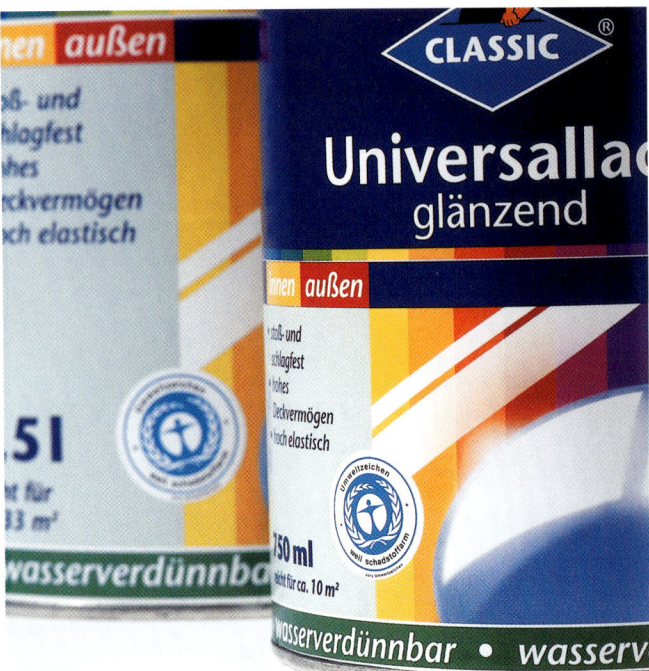

Abb. 7:
Für die meisten
Anwendungen
sind unserer
Meinung nach
die Lacke mit
dem Blauen
Engel bestens
geeignet.

Der richtige Lack

Die Frage nach dem perfekten Lack kann man nicht so ohne weiteres beantworten. Möchten Sie auf alle synthetischen Stoffe verzichten, bleiben nur die Naturharzlacke (siehe *Seite 13*). Allerdings haben diese nicht umsonst vor einiger Zeit die Gunst vieler Anwender verloren. Sie müssen sich bei der Verwendung dieser Lacke nämlich intensiv mit der richtigen Verarbeitung auseinandersetzen und unbedingt die Empfehlungen des Herstellers beachten. Kaufen und drauflos malen ist hier unmöglich, fachkundige Beratung unbedingt erforderlich. Selbst die Wahl zwischen lösungsmittelreichen und wasserverdünnbaren Kunstharzlacken (siehe *Seite 14* und *16*) ist nicht immer einfach.

Für die meisten Anwendungen sind die Lacke mit dem Blauen Engel bestens geeignet. Für sie spricht trotz fehlender Deklarierung der Inhaltsstoffe die gesundheitliche Prüfung durch die Vergabestelle des Gütesiegels.

Leider trocknen diese Lacke nicht ganz so widerstandsfähig und hart aus wie die lösungsmittelreichen Lacke. Bei stark belasteten Oberflächen können sich daher mitunter Kratzer oder Druckstellen bilden. Hier sollten Sie eventuell auf lösungsmittelreiche Produkte zurückgreifen.

Angesichts der fehlenden Deklaration können Sie sich bei der Auswahl einzelner Produkte eigentlich nur auf Empfehlungen verlassen, die durch unabhängige Tests und Analysen belegt sind. Solche Vergleichstests erscheinen regelmäßig in den Zeitschriften „Ökotest" des Ökotest-Verlages und „Test" der Stiftung Warentest.

Lösungsmittelanteil verzichten. Eine denkbare Alternative stellen die folgenden wasserverdünnbaren Acryllacke dar:

Wasserverdünnbare Lacke

Doch nicht nur aus gesundheitlichen Gründen gibt es Bestrebungen, den Gehalt an Lösungsmitteln in Lacken zu reduzieren. Auch die Umwelt dankt, denn die verdunstenden Kohlenwasserstoffe fördern u. a. die sommerliche Ozonbildung in Bodennähe.

Dies führte zu der Einführung eines Blauen Engels, mit dem Lacke mit reduziertem Lösungsmittelgehalt – derzeit bei wasserverdünnbaren Lacken maximal 10 % – ausgezeichnet werden. Diese Lacke stellen gegenüber den Alkydharzlacken u. ä. einen deutlichen Fortschritt dar, nicht zuletzt deshalb, weil hier die Rezepturen vom Umweltbundesamt geprüft werden. Dies schließt die Verwendung extrem gesundheitsschädlicher Substanzen aus.

Die wasserverdünnbaren Lacke bestehen aus Kunststoffdispersionen, d. h. die Kunststoffe sind nicht gelöst, sondern schwimmen als kleine Kügelchen in dem

Lösungsmittel-Wasser-Gemisch. Verdunstet die Flüssigkeit, rücken die Kügelchen immer näher zusammen, bis sie schließlich zu einem durchgängigen Film verschmelzen. Die Lösungsmittel dienen vor allem dazu, die Oberfläche der Kügelchen zu erweichen, damit diese miteinander verschmelzen können (siehe Grafik *6 Seite 15*).

Da diese Lösungsmittel wesentlich langsamer verdunsten als Wasser, verhalten sich die Lacke etwas anders als z. B. die lösungsmittelreichen Alkydharzlacke. Bei letzteren verdunstet der hohe Gehalt an Lösungsmitteln sehr rasch: Nach 8 – 10 Stunden hat sich der allergrößte Teil bei guter Lüftung verflüchtigt. Bei wasserverdünnbaren Acrylharzlacken hingegen werden auch nach 48 Stunden noch messbare Mengen von Lösungsmitteln freigesetzt. Dies müssen Sie beim Lüften unbedingt berücksichtigen, denn diese Lösungsmittel fallen kaum durch Geruch auf.

Der strenge Geruch mancher wasserlöslicher Lacke stammt von den so genannten Monomeren. Diese Grundbausteine der Kunststoff-Bindemittel verbleiben bei der Herstellung teilweise im Produkt und können später aus dem Anstrich ausdampfen. Da Monomere bei höheren Konzentrationen auch als „atemwegreizend" eingestuft sind, werden sie aus hochwertigen Kunststoff-Bindemitteln bei der Produktion unter Vakuum bis auf geringe Reste entfernt, trotzdem kann man sie oft noch mit der Nase wahrnehmen.

Die Reduzierung der Monomere hat bei wasserhaltigen Farben, z. B. den wasserverdünnbaren Acrylharzlacken, wiederum zu einem neuen Problem geführt: Die wasserhaltigen Dispersionen, die den Lackherstellern von den Rohstoffproduzenten geliefert werden, mussten früher wegen der desinfizierenden Wirkung der enthaltenen Monomere nicht konserviert werden. Heute müssen dagegen sowohl die Dispersion als auch die fertige Farbe haltbar gemacht werden, da wasserhaltige Farben, anders als solche mit hohem Lösungsmittelanteil, Bakterien und Pilzen hervorragende Lebens- und Vermehrungsbedingungen bieten.

Die Konservierungsmittel, über 30 gängige Mittel nennt das BGVV, sind aber noch viel schlechter auf gesundheitliche Wirkungen untersucht als die Lösungsmittel und müssen aufgrund ihrer geringen Konzentration nicht gekennzeichnet werden. Aber auch ein nicht kennzeichnungspflichtiger Anteil von weniger als 0,5 % entspricht immerhin noch ca. 5 g/l – ganz schön viel für eine gesundheitsschädliche Substanz.

Wandfarben

Bei den Kunststoffdispersions-Wandfarben versuchen die Entwickler, möglichst hohe Qualitäten mit möglichst wenig Bindemittel zu erzielen, da die Bindemittel vergleichsweise teuer sind und im Allgemeinen auch keine glatten glänzenden Oberflächen gewünscht werden.

In Innenräumen, wo die Belastungen – anders als bei einer Fassade – sehr gering sind, wird gerade noch so viel Bindemittel eingesetzt, dass die Pigmente an der Wand haften und sich nicht abreiben lassen.

Die Abriebfestigkeit gilt als genormtes Qualitätsmerkmal. So ist in der DIN 53778 festgelegt, dass eine waschbeständige Farbe 1000 und eine scheuerbeständige Farbe 5000 Scheuerzyklen mit einer genau festgelegten Bürstenapparatur überstehen muss. Mitunter angebotene Farben mit der Bezeichnung „wischfest" sollten mit gehöriger Skepsis behandelt werden, da dieser Begriff nicht genormt ist und folglich ohne Qualitätsprüfung verwendet werden kann. Ansonsten gelten für die üblichen Wandfarben ähnliche Probleme wie für die wasserverdünnbaren Lacke (siehe *Seite 16*). Allerdings gibt es mittlerweile die Möglichkeit, auf lösungsmittelfreie Farben auszuweichen. Auch wenn die herkömmlichen Wandfarben nur rund 2 – 3 % Lösungsmittel enthielten, entspricht dies bei einem 10-l-Eimer immerhin noch ca. 200 – 300 ml, fast soviel, wie in einer 750-ml-Alkydharzlackdose enthalten ist. Inzwischen sind die Lösungsmittelanteile vieler Wandfarben auf 1 – 2 % reduziert worden, aber auch das ist noch viel, wenn man bedenkt, dass es inzwischen Kunststoffdispersionen gibt, die ohne flüchtige Lösungsmittel auskommen. Diese werden als „lösungsmittelfrei" verkauft.

Wenn die Kunststoffe dann noch im Vakuum weitestgehend von Monomeren befreit wurden, werden diese Farben häufig mit dem Begriff „emissionsfrei" belegt, der aber noch nicht genormt ist, sodass wieder einmal nur auf die Ehrlichkeit des Herstellers vertraut werden kann. Leider werden diese verbesserten Farben teurer verkauft als die herkömmlichen. Ob die Wandfarbe pastös – als „feste Farbe" – oder gebrauchsfertig im Eimer geliefert wird – auf Konservierungsmittel kann bei allen nicht verzichtet werden, denn das enthaltene Wasser bietet Mikroorganismen allzu gute Lebensbedingungen.

Die Hobbythek-Wandfarben

Die Hobbythek hat nach einem Ausweg aus den zuvor geschilderten Problemen bei Farben gesucht und so etwas wie das Ei des Kolumbus gefunden: FarBA und CoBunt. Alle, die völlig auf Kunststoffe in Wandfarben verzichten möchten, können dagegen auf Wandfarben mit Kaseinbinder zurückgreifen (siehe *Seite 22*). Alle diese Produkte können Sie in den im Bezugsquellenverzeichnis aufgeführten Läden erwerben.

FarBA – die Farbbasis der Hobbythek

FarBA, von <u>Far</u>be und <u>Ba</u>sis, ist eine innovative weiße Kunststoffdispersions-Wandfarbe höchster Qualität. Sie ist scheuerbeständig nach DIN 53778, frei von Lösungsmitteln, geruchsneutral und kann durchaus, soweit dies überhaupt von irgendeiner Farbe behauptet werden kann, als emissionsfrei bezeichnet werden.

FarBA ist ein Pulver, das dank speziell hierfür entwickelter Zellulosefasern und Filmbildehilfsmittel auch vom Laien klümpchenfrei mit Wasser angerührt werden kann und sich, einmal angerührt, wie die bekannten Wandfarben verarbeiten lässt.

Dieses Prinzip des „Farbkonzentrats" hat bei einer Wandfarbe erhebliche Vorteile:

● Herkömmliche Wandfarben müssen durch Konservierungsmittel vor Bakterien- und Pilzbefall während des Transportes und der Lagerzeit geschützt werden. Bei FarBA kann darauf verzichtet werden, da sie ja kein Wasser enthält.

● Da es sich bei FarBA um ein Pulver handelt, entfällt der Transport von 40 – 44 % Wasser. Es wird weniger Treibstoff verbraucht, und Sie haben weniger zu tragen. Ein herkömmlicher 10-l-Eimer Wandfarbe wiegt etwa 15 kg, die entsprechende Menge FarBA dagegen nur 8 kg.

● Die Farbe wird in preiswerten Papiersäcken vertrieben, sodass der Verpackungsaufwand sehr gering gehalten werden kann.

● Es muss nur die gerade benötigte Menge angerührt werden. Reste halten sich, trocken gelagert, nahezu unbegrenzt und lassen sich später aufbrauchen oder mit nachgekaufter FarBA mischen.

● Da die Farbe kein Wasser enthält, muss sie auch nicht vor Frost geschützt werden.

Das Anrühren von FarBA

Mischen Sie einfach 10 Teile FarBA mit 8 Teilen Wasser: 5 kg FarBA und 4 kg bzw. 4 l Wasser ergeben z. B. 9 kg fertige weiße Wandfarbe, die nach unseren Erfahrungen für ca. 28 – 30 m^2 ausreichen. Streuen Sie das FarBA-Pulver unter stetigem Rühren in das Wasser ein, danach einige Minuten quellen lassen und anschließend, am besten mit einem Bohrmaschinenquirl, glatt rühren.

Abb. 8:   FarBA-Pulver rührt man am besten mit einem Bohrmaschinenquirl in das Wasser.

FarBA kann mit allen herkömmlichen Abtönpasten für Wandfarben „eingefärbt" werden. Da diese jedoch wiederum Konservierungsstoffe enthalten, empfehlen wir CoBunt, die Abtönfarben der Hobbythek (siehe *Seite 20*).

Die Inhaltsstoffe von FarBA

Wir machen im Gegensatz zur Industrie aus der Rezeptur von FarBA kein Geheimnis; neben einer kurzen Beschreibung der Inhaltsstoffe geben wir, soweit es möglich ist, in Klammern auch den Handelsnamen an. Die Inhaltsstoffe wurden von unseren Fachleuten nicht nur nach technischen, sondern auch nach Gesundheits- und Umweltaspekten ausgewählt.

- **Pigmente und Füllstoffe:** FarBA besteht zu rund 45 % aus einer Mischung von Kreide und Marmormehlen, jeweils zu unterschiedlichen Körnungsgrößen gemahlen. Dazu kommen ca. 25 % Talkum, das z. B. auch in Kinder- bzw. in Gesichtspudern enthalten ist. Das außerordentliche Deckvermögen erhält FarBA durch ca. 10 % Titandioxid. Hierbei legen wir Wert darauf, dass bei der Herstellung der Pigmente keine Dünnsäure entsteht, die dann im Meer verklappt wird.
- Als **Bindemittel** verwenden wir 12 Gewichtsprozent eines sprühgetrockneten Kunststoffpolymers (MOWILITH LDM 1140 P), das ungiftig und besonders abriebfest ist. Es handelt sich dabei um eine Verbindung aus Vinylacetat und Ethylen, dem ca. 10 % eines carbonatischen Antibackmittels beigefügt sind.

Die Wirkung der Zellulosefasern in Pigmentklümpchen

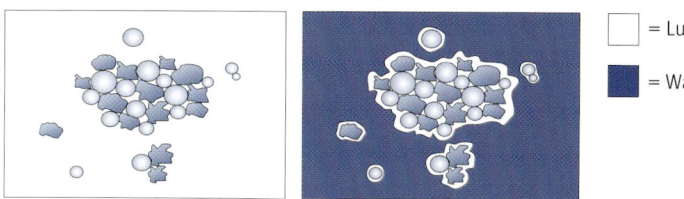

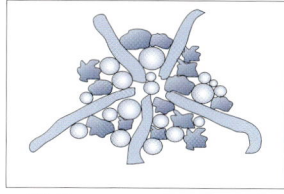

1. Ohne Fasern

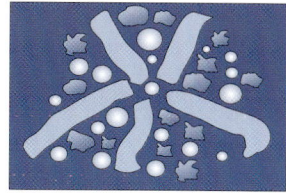

2. Mit Fasern

= Luft

= Wasser

Abb. 9:   Zellulosefasern reichen in alle Farbklümpchen hinein. Beim Anrühren gelangt Wasser entlang der Fasern in das Klümpchen, das dadurch sozusagen von innen aufgesprengt wird.

Hinzu kommt noch ein Hilfsmittel für die Filmbildung, damit sich die Kunststoffkügelchen des Bindemittels noch besser zu der harten Oberfläche verbinden (siehe Grafik 6 *Seite 15*). Von dem speziell für diese Farbe entwickelten Filmbildehilfsmittel (Zilosil) sind etwa 1,7 % enthalten. Es handelt sich um Polypropylenglycolalkylphenolether, der mit einem inerten Füllstoff verbunden ist.

- Neu entwickelt und innovativ ist auch eine Substanz, die hauptsächlich aus natürlicher **Zellulosefaser** (Arbocel PF-21) besteht. Zusammen mit einem Verdickungsmittel, ebenfalls aus Zellulose (Tylose 6000 YP), kommt sie auf ca. 8,5 % Gewichtsanteile. Die Zellulosefaser sorgt dafür, dass sich

Klümpchen, die sich zwangsläufig in feinstgemahlenen Pigmenten bilden, bei Zugabe von Wasser nahezu von selbst auflösen. Ohne die Faser würden sich aufgequollene Schichten um die Pigmentklümpchen bilden, die später an der Wand nicht sehr schön aussehen. Wird die Zellulosefaser bei der Herstellung der Farbe innig mit den Pigmenten vermischt, reichen sie in alle Klümpchen hinein. Beim Anrühren gelangt Wasser entlang der Fasern, die zudem noch quellen, in das Klümpchen und es wird sozusagen von innen aufgesprengt.

- Damit beim Anrühren nicht allzu viel Schaum entsteht, enthält FarBA 0,4 % eines **Entschäumers.** Dabei handelt es

Abb. 10: Unsere Abtönfarben CoBunt sind farbintensiv und trotzdem gesundheitlich völlig unbedenklich.

Acrylsäure, das dafür sorgt, dass alle Teilchen dieselbe Oberflächenladung haben und sich gegenseitig abstoßen.
● Rund 0,2 % gelöschter Kalk vebessern zusätzlich die **Waschbeständigkeit** der Farbe.

Die Abtönfarben CoBunt

Manch einer möchte das harte Weiß lieber ein wenig abtönen. Damit Sie nicht auf handelsübliche Abtönpasten mit Konservierungsmitteln zurückgreifen müssen, bieten wir Ihnen auch pulverförmige Abtönfarben an: CoBunt. Sie bestehen aus den gleichen Inhaltsstoffen wie FarBA, nur dass statt der weißen farbige Pigmente die gesundheitsschädlichen Pigmente herkömmlicher Farben ersetzen. Ungiftige Farbpigmente bildet z. B. Eisen in Verbindung mit Sauerstoff; sie färben die Erde rot, schwarz oder auch ocker. Wenn solche Minerale in der Natur in besonders reinem Zustand gefunden werden, dann kann man sie unmittelbar als Farbpigmente einsetzen, man spricht dann von der „Terra di Sienna", von „Spanisch-Rot", von „Persisch-Rot" oder von „Ägyptischer Erde" usw.
Trotzdem plädieren wir nicht unbedingt für solche Naturfarbpigmente, denn sie können leicht mit Schwermetallen durchsetzt sein. Wenn Sie also Naturfarben einsetzen wollen, dann erkundigen Sie sich und lassen Sie sich ein Zertifikat darüber geben, dass die Farben tatsächlich schwermetallfrei sind. Sicherer sind unseres Erachtens in jedem Fall Eisenverbindungen, die durch kontrollierte chemi-

sich um ein nichtflüchtiges Alkan, ein geradkettiges Mineralöl, das auf Kieselsäure aufgebracht wurde.
● Um alle Partikel in der Schwebe zu halten, sodass sie sich nicht wieder zusammenklumpen, kommen 0,2 % eines **Dispergiermittels** (OROTAN 731 SD) hinzu. Das ist das Natriumsalz einer

sche Oxidation, d. h. Reaktionen mit Sauerstoff, im Labor entstanden sind; diese sind homogener, farbintensiver und trotzdem vom gesundheitlichen Standpunkt völlig unproblematisch.

Wir haben für Sie fünf Pigmente herausgesucht. Die ersten drei sind reine Eisenoxidfarben.

- Eisenoxidgelb
- Eisenoxidrot
- Eisenoxidschwarz
- Chromoxidgrün, ein Pigment für höchste Ansprüche und im Gegensatz zum früher häufig verwendeten Kupferarsenid völlig ungiftig.
- Kaolinblau, eine Verbindung, die durch Reaktion von Kaolin, dem Porzellan-Rohstoff, Quarzsand und Natriumsulfat, auch Glaubersalz genannt, entstanden ist. Sie wird regelrecht gebrannt und anschließend fein pulverig gemahlen. Heraus kommt ein herrlich blaues, ungiftiges Pigment.

Die Pigmente bzw. die damit hergestellten CoBunt-Farben können Sie übrigens beliebig untereinander mischen. Wenn Sie beispielsweise CoBunt-Schwarz, CoBunt-Rot und CoBunt-Gelb zu gleichen Teilen mischen, erhalten Sie einen sehr schönen Braunton, der sich mit weißer FarBA bis hin zu zartesten Beigetönen verdünnen lässt.

Die CoBunt-Farben lassen sich sowohl als Vollton verwenden, als auch bis ca. 1:50 mit weißer Farbe – am besten natürlich FarBA – mischen. CoBunt-Rot können Sie sogar bis zu 1:100 verdünnen.

Wir haben die Vertreiber angeregt, Verdünnungstabellen in den Läden vorzusehen, dann fällt die Auswahl leicht. CoBunt als Volltonfarbe können Sie in einem kleinen Gefäß von Hand anrühren:

> 70 ml Wasser
> 100 g CoBunt

Wasser und CoBunt-Farbe gut verrühren. Sie können CoBunt auch einfach direkt als Pulver in FarBA einrühren, bis der gewünschte Farbton erreicht ist. Überprüfen Sie den Farbton regelmäßig auf einem Tapetenstück, denn die trockene Farbe wirkt meist etwas heller als die feuchte; ein Fön spart da sehr viel Zeit.

Wenn CoBunt auch vor allem zum Abtönen von FarBA oder anderen Dispersions-Wandfarben gedacht ist, sind die Farben dennoch aufgrund ihrer günstigen Eigenschaften zusätzlich zur Abtönung von pulverförmigen Beschichtungsstoffen wie Kunstharz-Fassadenputz, Mineralischem Putz und Dispersions-Silikat-Trockenputz geeignet. Für diesen Zweck das Pulver einfach in den fertig angerührten Putz einrühren.

Farbige Gelatine als Wandanstrich

Die Zeiten der hartweiß gestrichenen Raufasertapeten sind vorbei. Statt dessen wird heute munter gemalt, gewischt und gebürstet. Keine flächigen Farbanstriche, sondern kreative, effekt-

volle Farbstrukturen sind gefragt. Der Fantasie sind keine Grenzen gesetzt, das Credo lautet: stimmungsvoll. Und da, meinen wir, könnten sich farbige Gelatineleime wunderbar einbringen:

Leimfarbe HT

> 250 g   Leimbasis HT (siehe *Seite 59*)
> 540 ml Wasser
> 30-50 g Perlglanzpigmente HT

Stellen Sie zunächst einen klassischen Gelatineleim wie auf *Seite 60* beschrieben her. Dann nach und nach die Perlglanzpigmente (siehe *Seite 88*) einrühren. Zwischendurch sollten Sie Probestriche machen, um die Farbintensität zu überprüfen. Lassen Sie die Probearbeit unbedingt in Ruhe abtrocknen und gehen Sie erst dann an die großen Wände.

Die fertige Leimfarbe können Sie nun mit einem Pinsel oder Schwamm nach Herzenslust und ganz nach Ihrem Geschmack auftragen. Die Perlglanzpigmente lassen sich beliebig untereinander mischen. Sie können aber auch andere Pigmente oder farbige Substanzen in den Leim einrühren, z. B. farbige Gewürze wie Kurkuma. Allerdings sollten Sie sich bei Verwendung anderer Farbpigmente vorher unbedingt über ihre Lichtechtheit informieren.

Die fertige Leimfarbe lässt sich nur warm verarbeiten, deshalb sollte sie auch während des Anstrichs im Wasserbad belassen werden. Wir empfehlen, das Wasser etwa alle halbe Stunde nachzuwärmen, um eine gleichmäßige Konsistenz der Leimfarbe und somit einen gleichbleibenden Anstrich zu erzielen. Leimfarbe HT hat nach dem Abtrocknen einen leicht glänzenden, lackartigen Charakter. Da Gelatineleim beim Auftragen an der kalten Wand schnell abkühlt und erstarrt, ist unsere Leimfarbe HT beson-

ders gut für strukturreiche Anstriche geeignet.

Achtung: Leimfarbe HT bleibt wie alle Gelatineleime auch nach dem Trocknen wasserlöslich. Deshalb unsere Leimfarbe HT nicht für feuchte Räume oder Untergründe verwenden, denn es könnte zu schimmeln beginnen. Da Leimfarbe HT

keine Konservierungsstoffe enthält, lassen sich Farbreste nicht aufbewahren. Gelatine kann je nach Qualität auch nach dem Abtrocknen noch riechen. Wir haben deshalb eine besonders geruchsarme Gelatine ausgewählt.

Die vorgeschlagene Rezeptur reicht je nach Auftragetechnik für etwa 10 m².

Kasein-Farben der Hobbythek

Kasein-Farben haben wir für Kunden entwickelt, die keine Mineralölprodukte wie Kunststoffe usw. in ihren Wandfarben wünschen. Während bei FarBA ein Kunststoffbinder für den Zusammenhalt der Pigmente und das Haften auf dem Untergrund sorgt, wird diese Funktion hier von einem Kaseinbinder erfüllt: Magerquark, der überwiegend aus Kasein besteht, wird mit Borax aufgeschlossen. Dabei denaturiert das Eiweiß des Quarks, und es entsteht ein hervorragender, wasserbeständiger Leim. Borax haben wir auch zur Herstellung unserer Klebstoffe verwendet (siehe *Seite 55*).

Als Pigment für weiße Farbe verwenden wir zunächst eine Mischung aus Kreide- und Marmormehlen, die meist schon völlig ausreicht. Legen Sie jedoch Wert auf eine besonders hohe Deckkraft und ein strahlendes Weiß, dann müssen Sie noch Titandioxid hinzufügen, das erspart Ihnen den zweiten Anstrich.

Abb. 11:   Leimfarbe HT eignet sich besonders gut für strukturreiche Anstriche.

Hier das Rezept für etwa 5 kg Fertigfarbe. Zunächst muss der Kaseinbinder angerührt werden:

Kaseinbinder HT
(für 5 kg Farbe)

200 ml	Wasser
40 g	Borax
1 kg	Magerquark
1-2 EL	Sonnenblumenöl

Das Wasser kurz aufkochen und Borax dazugeben. Nun Magerquark in ein größeres Gefäß geben und mit der heißen Boraxlösung glatt rühren. Diese Mischung mindestens 2 Stunden stehen lassen; während dieser Zeit denaturiert das Borax das Eiweiß des Quarks. Es entsteht eine Art Leim, der getrocknet sogar wasserbeständig ist. Zum Schluss noch 1 – 2 EL Sonnenblumenöl einrühren. Der Binder ist leicht gelblich und besitzt eine cremige Konsistenz.

Während der Standzeit können Sie die Pigmente ansetzen:

Weiße Pigmentpaste
(für 5 kg Farbe)

3 kg Kreide- und Marmormehl-Mischung oder 2,5 kg Kreide- und Marmormehl-Mischung und
0,5 kg Titandioxid
1 l Wasser

Pigmentmischung in das Wasser rühren. Am besten geht das mit einem Bohrmaschinenquirl. Es entsteht ein relativ dicker Brei, den man gut quirlen muss, damit später keine Klümpchen bleiben.

In die angerührten Pigmente mischen Sie dann den Kaseinbinder HT. Falls die Farbe zu dick wird, müssen Sie noch etwas Wasser hinzufügen. Die fertige Farbe sollten Sie zügig verbrauchen, denn mehr als zwei Tage hält sie sich ohne Konservierungsmittel nicht.

Kasein-Farben sind für trockene Räume gedacht und in ihrer Widerstandsfähigkeit nicht mit einer Kunststoffdispersionsfarbe zu vergleichen. Dennoch färben sie nicht ab und weisen eine sehr gute Deckkraft auf. Das Sonnenblumenöl dient zusätzlich zur Imprägnierung des Anstrichs. Es handelt sich hierbei um ein trocknendes Öl, das, anders als Leinöl, nicht zum Nachdunkeln neigt. Borax dient als Aufschlussmittel, da es die Farbe an der Wand zusätzlich konserviert – der Kaseinbinder wird sonst leicht von Mikroben befallen. Die Pigmente für die Kasein-Farbe erhalten Sie in Spezialgeschäften für Maler- und Künstlerbedarf.

Weiße Kasein-Pulverfarbe
So angenehm das Verarbeiten der Farbe mit Kaseinbinder aus Magerquark auch sein mag, die – zugegeben etwas umständliche – Herstellung lässt viele Zuschauer zurückschrecken.
Die Lösung ist eine Kaseinfarbe, die genauso einfach zu verarbeiten ist wie FarBA HT, aber die dennoch frei von Kunststoffen ist. Möglich wird dies durch ein pulverförmiges Kasein. Dieses ermöglicht es, alle notwendigen Inhaltsstoffe bereits gebrauchsfertig vorzumischen.

Als Pigmente dienen Kalk-, Kreide- und Marmormehl. Das Bindemittel ist Kasein, das mit Borax und Weißkalkhydrat aufgeschlossen wird. Als Dispergiermittel fungiert Natriumphosphat, und das aus unserer FarBA bekannte Zellulosepulver verhindert, dass sich Klümpchen bilden. Als Verdicker sorgen Benthone, das sind Tonminerale, und Hydroxicellulose für eine angenehme Konsistenz der Farbe. Zudem enthält die Farbe noch eine geringe Menge eines aromatenfreien Mineralöls, um die Schaumentwicklung beim Anrühren zu verhindern.

D as Anrühren der Kasein-Pulverfarbe ist denkbar einfach, denn das Mischungsverhältnis ist 1:1, also z. B. 1 kg Farbpulver auf 1 l Wasser. Einfach das Farbpulver unter ständigem Rühren mit einem Bohrmaschinenquirl dem Wasser zugeben.
1 kg Farbpulver, also 2 kg fertige Farbe, reichen für rund 5 – 10 m².
Achtung: Da diese Farbe kein Titandioxid enthält, deckt sie erst vollständig, wenn sie völlig trocken ist. Anfangs wirkt sie eher lasierend-durchscheinend, und auch die Farbe ist im feuchten Zustand eher ein helles Grau. Nach dem Trocknen – das kann 16 – 24 Stunden dauern – erstrahlt die Kasein-Pulverfarbe aber in klarstem Weiß. Achten Sie daher auf gute Lüftung, dann geht es schneller.
Der einzige wirkliche Nachteil dieser Farbe ist der Preis – sie ist relativ teuer. Daher haben wir darauf verzichtet, sie über die Läden, die traditionell die Hobbythekprodukte führen, verfügbar zu machen. Sie erhalten sie im Fachhandel (siehe Bezugsquellenverzeichnis).

Farben für Kind und Kunst

Was gibt es schöneres, als Kindern beim Malen zuzusehen? Sie haben ihren ganz eigenen Blick auf die Welt und können in dieser Tätigkeit völlig aufgehen. Dabei besitzen sie ihre eigene Bildsprache und orientieren sich noch nicht am Geschmack und den Regeln der Erwachsenen.

Farben, die speziell für Kinder geeignet sind, müssen zwar bezüglich der Inhaltsstoffe strengeren Vorschriften genügen als die Farben für Heimwerker, doch sind sie nur recht einseitig einzusetzen: Wasserfarben, bunte Knete, Fingerfarben usw. – man könnte für jeden Zweck eine neue Farbe kaufen. Die Hobbythek hat deshalb eine universell einsetzbare Farbe entwickelt, die völlig ungiftig ist und die man in einer Vielzahl von Fällen einsetzen kann.
Sie können die Hobbythek-Pflanzenfarben nicht nur als Wasserfarben verwenden, sondern auch für die Herstellung von Karnevalsschminke, Fingerfarben, bunter Knete, Glasfarben fürs Kinderzimmerfenster und vieles mehr. Ihrer Fantasie sind kaum Grenzen gesetzt.

Farben aus Pflanzen

Schon seit Jahrtausenden nutzt der Mensch die in Pflanzen enthaltenen Farben, um seine Kleidung und manchmal sogar sich selbst zu verschönern. Was

Abb. 12:   Was gibt es schöneres, als Kindern beim Malen zuzusehen?

liegt daher näher, als Pflanzenextrakte auch als Grundstoff für unsere Farben zu nutzen? Dabei haben wir darauf geachtet, dass neben einer starken Farbwirkung auch gesundheitliche Gesichtspunkte beachtet werden. Einige der Farbrohstoffe sind als Lebensmittelfarben bzw. auch als Kosmetikrohstoffe zugelassen, andere gelten als färbende Lebensmittel oder als natürliche Pflanzenextrakte.

Als geeignet stellten sich letztlich folgende Pflanzen heraus:
● **Gelb:** Wilder Safran und Gardenia
● **Rot:** Paprika und Rote Bete
● **Violett:** Holunder
● **Blau:** Blaukraut und Japanische Blaualge
● **Grün:** Blattgrün und Brennessel.
● **Braun:** Färberdistel und Indische Dattel
● **Schwarz:** Pflanzenkohle

Alle diese Rohstoffe stammen aus natürlichen Quellen und werden unter ständiger Qualitätskontrolle zu einem Pulver sprühgetrocknet. Mit den reinen Pflanzenrohstoffen allein hätten Sie aber noch keine Farbe, denn auf *Seite 11* beschrieben wir bereits ausführlich, woraus eine Farbe besteht: Bindemittel, Lösemittel und Farbpigment.

Als Bindemittel verwenden wir Maltodextrin, eine süßliche Substanz, die im Wesentlichen aus Glucose-, also Traubenzuckermolekülen, aufgebaut ist. Nun fehlt noch das Lösungsmittel, um die Farbe streichfähig zu machen, und das ist einfach Wasser.

U nsere Pflanzenfarben unterscheiden sich von „normalen" Farben dadurch, dass sich die Farbstoffe im Wasser lösen. Dadurch würde ein transparenter Farbeindruck entstehen, einfacher ausgedrückt: Die Farbe würde nicht decken. Damit dies der Fall ist, benötigen wir ein zusätzliches weißes Pigment. Wir entschieden uns hier für Titandioxid, ein Pigment, das aus dem Mineral Anatas hergestellt wird. Von allen Weißpigmenten deckt es am besten und das schon im feuchten Zustand.

Bei der Auswahl des Titandioxids achteten wir natürlich auf ein besonders schonendes Herstellungsverfahren. Anders als in früheren Zeiten wird hier garantiert keine Dünnsäure in der Nordsee verklappt. Wir haben uns für ein besonders reines Titandioxid entschieden, das auch in Zahnpasten Verwendung findet.

Unsere Pflanzenfarben sind aus Blüten, Blättern, Früchten und Wurzeln hergestellt und außerordentlich intensiv. Flecken auf Textilien könnten im Einzelfall schlecht zu entfernen sein und sollten deshalb vermieden werden. Rüsten Sie die kleinen Künstler am besten mit einer Malschürze aus.

Für alle Rezepte gilt:
2 ml Farbpulver entsprechen rund 1g.
1 Messl. ≈ 2,5 ml
1 TL ≈ 4 ml
1 EL ≈ 8 ml

Malen mit den Hobbythek-Pflanzenfarben

Geben Sie etwa 1 Msp. Pflanzenfarbe HT in ein kleines Gefäß und mischen Sie sie mit etwas Wasser. Sollte Ihnen diese Farbe zu dünn vorkommen, rühren Sie einfach noch etwas Farbpulver unter. Zum Verdünnen der Farbe am besten mit

Abb. 13: Fingerfarben sind für viele Kinder der erste Kontakt mit dem künstlerischen Schaffen.

einer Pipette Wasser zuträufeln. Die Farbe wird wie Wasserfarbe am besten lasierend verwendet; so wirken sie am strahlendsten.

Alle unsere Pulverfarben sind ohne weitere Zusätze sofort als Malfarben geeignet.

Das eigene Kunstwerk auf dem T-Shirt

Kinder, die ohnehin Spaß am Malen haben, werden ganz besonders angespornt, wenn sie ihr Kunstwerk auf einem weißen T-Shirt mit sich herumtragen können.

Grundlage für die Bilder sind spezielle Aufbügelfolien, auch Transferfolien genannt, die im gut sortierten Bürofachhandel oder – meist etwas teurer – in Bastelläden erhältlich sind. Diese Folien lassen sich wie Papier bemalen; angesichts eines Preises von ca. 2 DM pro Stück sollte allerdings mit Bedacht an die Sache herangegangen werden.

Die Folien gibt es im Format A4, bei kleineren Hemdgrößen muss daher Hochformat oder nur ein Ausschnitt der Folie verwendet werden.

Unbemalte Folienteile abschneiden, dann die Folie mit dem Bild nach unten auf das Hemd legen und nach Angaben des Herstellers aufbügeln. Die so geschmückten Shirts lassen sich bei 40 °C auf links gedreht waschen. Sie können alle unsere Farben verwenden.

Fingerfarben

Gerade für die Kleinsten ist die Fingerfarbe meist der erste Kontakt mit dem künstlerischen Schaffen. Häufig werden nicht nur Zeichenblöcke, sondern auch gleich noch Arme und Gesicht „verschönert", vom Ablecken der Finger usw. ganz zu schweigen.

Wir haben daher darauf geachtet, dass unsere Rezepte garantiert auch bei versehentlichem Verzehr keinen Schaden anrichten. Doch auch wenn die Farbrohstoffe aus Gewürzen und Lebensmitteln bestehen, so sind sie dennoch keine eigentlichen Lebensmittelfarben. Zwar sind auch unsere „technischen" Farben allein schon aus Gründen der Lagerfähigkeit weitestgehend keimfrei; dies muss aber nicht ausdrücklich garantiert und ständig nachgewiesen werden, wie es bei Lebensmittelfarben der Fall ist.

Für Fingerfarben sind geeignet:
Wilder Safran für Gelb, Rote Bete für Rot, Blaukraut für Blau, Blattgrün für Grün, Indische Dattel für Braun und Pflanzenkohle für Schwarz.

Fingerfarben mit Xanthan

Xanthan ist ein Rohstoff, der in der Hobbythek-Kosmetik schon seit Jahren verwendet wird. Es ist ein natürlicher Schleimstoff, der beim Gärvorgang von Glucose mit Hilfe von Mikroorganismen entsteht. In gereinigter Form können wir ihn gut als Träger für unsere Fingerfarben nutzen. Mischen Sie:

1 TL	Xanthan (siehe *Seite 88*)
½ – 1 TL	Pflanzenfarbe HT
4 TL	Wasser

Die Fingerfarbe sollte immer frisch angerührt werden, weil man sie sonst konservieren müsste. Da Fingerfarben aber leicht in den Mund gelangen, sollten Sie darauf verzichten.

Fingerfarben auf der Basis von Dextrin

Mit unserem technischen Dextrin **Gluedex HT** (siehe *Seite 55*) kann man sehr einfach und schnell wunderbare Fingerfarben selbst herstellen. Und wunderbar heißt, dass sie fantastisch malen, äußerst angenehm in der Handhabung, ökologisch vollkommen unproblematisch und für Ihr Kind unbedenklich sind.

24 g	Gluedex HT
12-20 ml	Wasser
12 g	Kreide
8 g	Glycerin (siehe *Seite 87*)
4 g	Pflanzenfarbe HT

Gluedex HT sorgfältig in lauwarmes Wasser einrühren, dann nach und nach die anderen Zutaten hinzugeben, fertig. Geben Sie zu Beginn nur wenig Wasser zu und fügen Sie am Schluss noch so viel hinzu, bis Ihnen die Konsistenz der Farbe gut gefällt. Diese Richtschnur gilt für den sofortigen Gebrauch.

Soll die Farbe erst einige Stunden später oder am nächsten Tag verwendet werden, ist es günstiger, etwas mehr Wasser hinzuzugeben, da die fertige Fingerfarbe nachdickt.

Da die Fingerfarbe keine Konservierungsstoffe enthält, sollte sie innerhalb einer Woche aufgebraucht werden.

Die Rezeptur ergibt ca. 60 g Fingerfarbe; das reicht pro Farbton wunderbar für einen Malnachmittag. Falls Sie eine ganze Kinderschar versorgen möchten, dann verdoppeln, verdreifachen oder vervierfachen Sie einfach die einzelnen Anteile in der Rezeptur.

Körpermalspaß mit Gluedex HT

Die Herstellung einer Körpermalfarbe ist im Grunde noch simpler als die einer Fingermalfarbe, denn sie muss – vorausgesetzt, die Zutaten sind für die Haut geeignet – letztlich weniger Ansprüche erfüllen. Sie sollte lediglich schön bunt und gut aufzutragen sein. Deshalb haben wir die Fingermalfarbe einfach abgewandelt:

Körpermalfarbe mit Gluedex HT

40 g   Gluedex HT (siehe *Seite 55*)
40 ml Wasser
4 g   Glycerin (siehe *Seite 87*)
4 g   Pflanzenfarbe HT

Gluedex HT in lauwarmem Wasser gründlich glatt rühren, dann nach und nach das Glycerin und die Farbe einrühren, fertig. Geeignete Farben siehe „Karnevalsschminke" *Seite 28*.

Bunte Knetmassen

Besonders beliebt sind bei Kindern bunte Knetmassen. Wir haben drei Rezepte zusammengestellt, die für verschiedene Anlässe geeignet sind.

Für Knetmassen sind geeignet:
Wilder Safran für Gelb, Rote Bete für Rot, Blaukraut für Blau, Blattgrün für Grün, Indische Dattel für Braun und Pflanzenkohle für Schwarz.

Softknete

Sie können diese Knetmasse relativ lange verarbeiten. Die fertigen Figürchen können an der Luft getrocknet werden und sind dann dauerhaft stabil. Die eingesetzte Zitronenessenz ist in jedem Supermarkt abgepackt in gelbe Plastikzitronen erhältlich. Sie können auch unser Kalweg (siehe *Seite 88*) benutzen.

Abb. 14:
Mit unseren bunten Knetmassen haben kleine und große Künstler viel Spaß.

```
1 geh. EL   Salz
   ½ TL    Vitamin C
    3 EL   Zitronenessenz  oder
    1 EL   Kalweg vermischt
           mit 2 EL Wasser
    8 EL   Wasser
1 gestr. TL  Pflanzenfarbe HT
10 geh. EL  Mehl
    1 EL   Sonnenblumenöl
```

Salz, Vitamin C, Zitronenessenz oder Kalweg-Wasser-Mischung, Wasser und Pflanzenfarbe HT mischen. Dann Mehl zufügen. Zunächst mit dem Löffel rühren, dann kneten. Beim Kneten das Sonnenblumenöl zufügen. Das Sonnenblumenöl verhindert das Abfärben der Farbe auf die Hände und verbessert die Konsistenz der Masse. Eventuell je nach gewünschter Konsistenz mit Öl geschmeidiger oder mit Mehl fester machen.
Die Knete am besten in Folie, z. B. einem Tiefkühlbeutel, aufbewahren, damit sie nicht austrocknet.

Dauerplastische Modelliermasse

Diese Knetmasse kann über einen relativ langen Zeitraum Freude bereiten. Sie wird umso weicher, je länger sie geknetet wird. Im Tiefkühlfach ist sie unbegrenzt lagerfähig. Vor der Verwendung sollte sie aber wieder Handtemperatur erreichen.

```
   50 g   Bienenwachs
   25 g   Vaseline
   20 g   Kartoffelstärke
1 gestr. TL  Pflanzenfarbe HT
```

Bienenwachs in einer leeren Dose im Wasserbad erhitzen. Vaseline, Stärke und Pflanzenfarbe HT einrühren. Die erkaltende Masse muss ausgiebig verknetet werden, damit sich die Zutaten gut verteilen.
Leider löst sich das wasserlösliche Farbpulver in der Wachsmasse kaum, es wirkt eher wie ein Pigment. Dies führt jedoch zu dem relativ interessanten Effekt, dass die fertige Masse marmoriert erscheint. Bei Verwendung von Blaukraut erscheint sie fast wie Stein.

Salzteig – die ewige Kunst

Auch Salzteig ist für ein „Knethappening" bestens geeignet. Besonders reizvoll: Die Kunstwerke können nach dem abschließenden Backen nahezu unbegrenzt aufbewahrt werden. Wir haben uns für ein besonders einfaches Rezept entschieden:

```
1 gestr. TL  Pflanzenfarbe HT
   ½ Tasse  Wasser
   1 Tasse  Salz
   3 Tassen  Mehl
```

Pflanzenfarbe, Wasser und Salz mischen. Mehl zugeben und Masse durchkneten. In verschlossenen Gefrierbeuteln kann die Masse im Kühlschrank auch über Nacht aufbewahrt werden. Figuren bei 70 °C für 1 – 2 Stunden im Ofen „brennen"; das schadet der Farbe nicht.

Karnevalsschminke

Nicht nur im Rheinland wird Karneval, Fasching oder die Fastnacht ausgiebig gefeiert. Gerade Kindern macht hierbei das Schminken mit bunten Farben besonders Spaß. Schon vor einigen Jahren haben wir daher die einfache Herstellung einer besonders hautfreundlichen Schminke vorgestellt. Unsere Pflanzenfarben sind auch für diesen Zweck gut geeignet.

**Für Karnevalsschminke
sind geeignet:**
Wilder Safran für Gelb, Blattgrün für Grün, Indische Dattel für Braun und Pflanzenkohle für Schwarz.
Für Rot und Blau am besten entsprechende Perlglanzpigmente (siehe *Seite 88*) verwenden.

Zunächst empfiehlt sich die Herstellung einer so genannten Fettphase, die monatelang unkonserviert im Kühlschrank aufbewahrt werden kann.

Fettphase:
```
   10 g   Tegomuls (siehe Seite 88)
   20 g   Sonnenblumenöl
```

Tegomuls in einem Becherglas auf dem Wasserbad aufschmelzen und mit Sonnenblumenöl verrühren. In einem Schraubglas aufbewahren.

Abb. 15: *Jetzt kann die fünfte Jahreszeit kommen.*

die in den meisten Läden, die die von der Hobbythek empfohlenen Produkte anbieten, erhältlich sind. Die bekannte Nivea-Creme hingegen, aber auch Today Hautpflege und die Florendel-Creme bilden beim Einrühren Klümpchen.

15 g	Creme
1 gestr. TL	Pflanzenfarbe HT
	bzw. Perlglanzpigmente
2 gestr. TL	Gummar HT (siehe *Seite 88*)
15 Tr.	Glycerin (siehe *Seite 87*)

In die Creme Pflanzenfarbe, Gummar HT und Glycerin einrühren, fertig. Bei Zimmertemperatur sollte die Herstellung kein Problem sein. Gut verschlossen im Kühlschrank aufbewahren.

Ein leuchtendes Vergnügen: Glasfarben

Farben wirken am strahlendsten, wenn Licht durch sie hindurch scheint. Warum also nicht das Kinderzimmerfenster mit einer lustigen Zwergenschar, einer Blumenwiese oder mit Sonne, Mond und Sternen verschönern?
Glasfarben haben nun aber nicht gerade den Ruf, für Kinder besonders gut geeignet zu sein, denn sie bestehen entweder aus viel Chemie, sind schwer anzuwenden oder aber halten so dauerhaft, dass bei einem kleinen Malheur gleich der Glaser kommen müsste. Wir haben daher auf Basis unserer Pflanzenfarben eine transparente Glasfarbe entwickelt, die

Für die Creme:		
(für 16 g)		
4 g (ca. 1 TL)	Fettphase (siehe *Seite 28*)	
1 gestr. TL	Pflanzenfarbe HT bzw.	
2 TL (3 – 4 Messl.)	Perlglanzpigmente	
12 ml (3 TL)	Aqua dest.	
1-2 Tr.	Paraben K (siehe *Seite 88*)	
	zur Konservierung	
2 gestr. TL	Gummar HT	
	(siehe *Seite 88*)	
15 Tr.	Glycerin (siehe *Seite 87*)	

Die Fettphase in einem Becherglas auf dem Wasserbad aufschmelzen. Pflanzenfarbe im lauwarmen Wasser auflösen und in die Fettphase einrühren. Mit Paraben K konservieren. Zum Schluss Gummar HT und Glycerin einrühren.

Schminke aus Fertigcremes
Einige fertige Cremes aus dem Handel können ebenfalls für die Herstellung von Schminke verwendet werden. Wir testeten aus dem reichhaltigen Angebot mit gutem Erfolg z. B. die „AS Bodycreme" der Schlecker-Märkte und die Basiscreme HT oder unsere Cremaba (siehe *Seite 87*),

bestens für Kinderhände geeignet ist: die **Pflanzenfarbe HT-Transparent**. Von den anderen Pflanzenfarben der Hobbythek unterscheidet sie sich vor allem durch das Fehlen des Titandioxids, denn dieses würde die Farbe trüb erscheinen lassen. Als Bindemittel haben wir Zucker, Sorbit, einen essbaren Zuckeraustauschstoff, und eine spezielle, kalt anrührbare Gelatine verwendet. Diese härtet völlig transparent und lässt sich später problemlos mit warmem Wasser abwaschen. Bei der Gelatine können Sie übrigens völlig unbesorgt sein. Sie wird auf der Basis

von Schweinehaut hergestellt und ist daher garantiert frei von möglichen BSE-Erregern.

Wir haben uns für drei frei miteinander mischbare Farben entschieden: Gelb, Blau und Rot. Beim Mischen sollten Sie u. U. Ihren Kindern ein wenig zur Hand gehen:

● Gelb + Blau = Grün
● Gelb + Rot = Orange
● Blau + Rot = Violett
● Gelb + Blau + Rot = Brauntöne
● Wird Schwarz zur Abgrenzung benötigt, kann hierfür unsere normale Pflanzenfarbe genommen werden

(siehe *Seite 24*), denn Schwarz ist ja nicht transparent. Damit die schwarzen Linien aber nicht verschmieren, müssen sie vor dem Übermalen gut trocknen.

| 1 g | Pflanzenfarbe HT-Transparent |
| 1 ml | Wasser |

Farbe und Wasser in einem kleinen Schraubglas verrühren und mindestens 1 – 2 Stunden stehen lassen – so lange dauert es, bis sich die Farbe, vor allem jedoch die Gelatinepartikel, völlig gelöst haben. Danach die Farbe auftragen, am besten mit einem Pinsel.

Mischen Sie die Farbe nicht zu dünn, sonst verläuft sie beim Auftragen am Fenster. Wenn dies passiert, einfach mit warmem Wasser abwaschen und in die Mischung etwas zusätzliches Farbpulver einrühren. Sollte bei zu heftigem Rühren Schaum entstanden sein, diesen vorsichtig abheben. Wenn Sie Ihre Kinder direkt auf das Fenster malen lassen, empfiehlt es sich, den Rahmen durch Abkleben vor Spritzern zu schützen.

Eine risikoärmere Alternative zur direkten Glasverschönerung sind Kunststofffolien, die für Overheadprojektoren im Bürofachhandel angeboten werden. Auch sie lassen sich leicht bemalen und anschließend ins Fenster hängen.

Abb. 16:   Farben leuchten am meisten, wenn Licht durch sie hindurch scheint.

Buntes Badevergnügen

Mit den Pflanzenfarben HT-Transparent als Badezusatz können Sie jeden Badetag zum „Event" gestalten. Die Farben sind völlig unbedenklich, die Gelatine besteht sogar zu einem großen Teil aus Kollagenverbindungen mit Haut pflegenden Eigenschaften.
Die Farben sind untereinander mischbar, allerdings sieht das Braun, das bei Verwendung aller drei Farben entsteht, nicht sehr attraktiv aus.

Buntes Badewasser

Einfach das Pulver direkt ins Badewasser schütten. Es löst sich sehr schnell auf und färbt das Wasser hervorragend.
Wenn Sie zwei unterschiedliche Farben an den beiden Enden der Wanne zugeben, bilden sich zwei verschieden farbige Bereiche, die sich langsam vermischen und eine neue Farbe bilden.
Oder rühren Sie die Farbe vorher in einer leeren Shampooflasche etwas höher konzentriert an und drücken Sie die Flasche dann unter Wasser leicht: Aus der kleinen Dosieröffnung entströmen bunte Wolken. Ihre Kinder werden begeistert sein und sich nicht länger vor dem lästigen Baden drücken.

Bunte Schaumberge

Hierzu benötigen Sie zwei Gefrier- oder Müllbeutel von mindestens 6 l Fassungsvermögen. Geben Sie nun etwas – höchstens 20 – 30 ml – lauwarmes Wasser, einen guten Spritzer eines stark schäumenden Shampoos und etwa ½ TL Pflanzenfarbe HT-Transparent hinein. Anstelle des Shampoos können Sie auch unser wesentlich hautfreundlicheres Facetensid (siehe *Seite 87*) verwenden, das allerdings nicht so schön schäumt. Nun blasen Sie den Beutel auf und knoten ihn so zu, dass sich ein möglichst großer Hohlraum bildet. Kräftig schütteln und im Nu ist der ganze Beutel voller buntem Schaum. Wenn Sie jetzt eine kleine Ecke des Beutels aufschneiden, können Sie mit dem bunten Schaum auf der Wasseroberfläche malen wie mit einer Sahnetülle. Je nach Shampoo halten sich die bunten Wolken erstaunlich lange.

„Künstlerfarben" selbst gerührt

Sie können die Farben der Hobbythek auch wie ein „richtiger" Künstler verwenden. Hierzu wird die Farbe sehr pastös angerührt und trocknet wie eine richtige Ölfarbe ab.
Sie können die Farbe direkt mit viel Farbpulver und wenig Wasser anrühren; allerdings wäre diese Variante sehr teuer. Besser ist das folgende Rezept:

Künstlerfarbe HT

2 Messl.	Gummar HT (siehe *Seite 88*)
1 Messl.	Pflanzenfarbe HT
2 Messl.	Wasser
2 Tr.	Glycerin (siehe *Seite 87*)

Alles in einem kleinen Glas anrühren und etwas warten, damit sich das Gummi arabicum des Gummar HT ausreichend mit dem Wasser verbindet. Das Glycerin soll ein späteres Reißen der Farbe verhindern.
Ein wenig problematisch ist bei reinen Pflanzenfarben die Lichtechtheit, d. h. die Farben verändern sich unter dem Einfluss des UV-Anteils des Sonnenlichtes und bleichen aus. In unseren Farben verhindert das Titandioxid diesen Prozess weitestgehend, doch sollten Sie Ihr Kunstwerk trotzdem nicht der direkten Sonneneinstrahlung aussetzen.

Wohnen mit Holz

Holz ist ein Werkstoff, der in seiner Vielzahl von günstigen Eigenschaften kaum von einem High-Tech-Produkt aus der chemischen Retorte übertroffen wird. Vom Brückenbau bis zum Jägerzaun reicht die Palette seiner möglichen Anwendungen. Dabei lässt sich Holz überaus leicht verarbeiten; selbst mit primitivsten Werkzeugen wie den steinernen Faustkeilen der Neandertaler war dies bereits problemlos möglich. So ist es kein Wunder, dass wir nicht nur seit Urzeiten in Holzhäusern leben, sondern uns auch in den eigenen vier Wänden gerne mit Holz umgeben: Ob nun als Möbel, Böden, Fenster, Treppen Wandverkleidung oder Fachwerk – Holz findet sich überall.

Die Eigenschaften verschiedener Holzarten können enorm variieren. Denken Sie nur an das federleichte Balsaholz, das Bastler besonders schätzen, oder an das Bongosiholz, das so schwer ist, dass es im Wasser untergeht. Aber selbst die weniger exotischen Hölzer unserer Heimat weisen die unterschiedlichsten Eigenschaften auf, und das beeinflusst nicht zuletzt die Pflege und den notwendigen Schutz.

Möbelpflege – weniger ist mehr

So angenehm sich eine unbehandelte, gehobelte und polierte Holzoberfläche auch anfühlen mag, ohne eine schützende Oberflächenbehandlung wird sie sehr schnell unansehnlich. Die Poren der Holzoberfläche sind ein Magnet für Staub und Schmutz und ziehen Feuchtigkeit geradezu an. So ist es kaum verwunderlich, dass vor allem intensiv genutzte Möbel meistens mit einer Schutzschicht versehen werden. Selbst in traditionsreichen Brauhäusern, wo früher noch jeden Morgen die Weichholztische nass abgescheuert wurden, greift man heute häufig auf weniger pflegeintensive lack- oder kunststoffbeschichtete Holztische zurück.

Da sich die Pflege eines Möbels in erster Linie nach dem Material der Oberfläche richten muss, sollten Sie, falls vorhanden, die Pflegeempfehlungen des Herstellers beachten. Möglichkeiten gibt es unzählige: Die Palette reicht von verschiedenen Natur- oder Mineralölwachsen über Natur- oder Kunstharzlacke bis hin zu speziellen Kunststoffbeschichtungen.

Trotz des großen Angebots der Industrie an Reinigungs- und Pflegemitteln sind diese häufig gar nicht nötig. Die darin enthaltenen Wachse und Öle reichern sich sogar mitunter an der Möbeloberfläche an und binden geradezu den Schmutz und Staub. Öle und Wachse sind nur ganz selten notwendig, sparsam angewendet frischen sie allerdings angegriffene Oberflächen ein wenig auf.

Die tägliche Reinigung von Holzmöbeln sollte trocken erfolgen. Staub lässt sich am besten mit speziellen Flortüchern aus Polyester wischen, denn die Polyesterfasern laden sich statisch auf und ziehen den Staub beinahe magnetisch an. Bei etwas stärkerer Verschmutzung können Sie das Tuch bei Bedarf auch feucht verwenden. Allerdings dürfen empfindliche Möbel wie etwa Antiquitäten niemals nass gereinigt werden, also das Tuch so gut auswringen, dass es fast trocken ist!

Bei unempfindlicheren Oberflächen können Sie auch einen Tropfen Spülmittel ins Wasser geben, um gröbere Verschmutzungen zu entfernen. Bei feuchter Reinigung allerdings immer trocken nachwischen, damit durch Haarrisse kein Wasser ins Holz dringen kann und dieses quillt.
Ein einfaches Pflegeöl für Möbel können Sie sich selbst herstellen. Es besteht aus Sojaöl und Carnaubawachs (siehe *Seite 87*).

Möbelpolitur

     5 g   Carnaubawachs
100 g   Sojaöl

Carnaubawachs mit dem Sojaöl mischen und im Wasserbad auf rund 85 °C erwärmen. Mit einem Löffelstiel kurz umrühren, danach auskühlen lassen.
Das Pflegeöl ist vor allem für bereits angegriffene, leicht verkratzte Oberflächen gedacht. Sie sollten es sehr sparsam mit dem leicht getränkten Lappen auftragen. Anschließend gut mit einem sauberen Lappen nachpolieren. Diese Behandlung sollte nicht regelmäßig erfolgen, sondern nur bei Bedarf.

Widerstandsfähigkeit gegen Pilzbefall (Kernholz)

Klasse	Handelsname	lat. Name	Laub-/Nadelholz	Dichte (Wasser = 1)	Herkunft
1 = sehr dauerhaft	Jarrah	Eucalyptus marginata	LH	0,83	Australien
	Teak	Tectona grandis	LH	0,68	SO-Asien
1 – 2	Iroko	Milicia excelsa	LH	0,65	W/O-Afrika
	Robinie	Robinia pseudoacacia	LH	0,74	Europa
2 = dauerhaft	Bongosi	Lophira alata	LH	1,06	Afrika
	Esskastanie	Castanea sativa	LH	0,59	Europa
	Stieleiche	Quercus robur	LH	0,71	Europa
	Western Red Cedar	Thuja plicata	NH	0,37	N.-Amerika
2 – 3	Sipo/Sipo Mahagoni	Entandrophragma utile	LH	0,64	W/O-Afrika
	Dark Red Meranti	Shorea sp.	LH	0,68	SO-Asien
	Yellow Cedar	Chamaecyparis nootkatensis	NH	0,48	N-Amerika
3 = mäßig dauerhaft	Douglasie	Pseudotsuga menziesii	NH	0,53	N-Amerika
3 – 4	**Douglasie**	Pseudotsuga menziesii	NH	0,51	Europa
	Kiefer	Pinus sylvestris	NH	0,52	Europa
	Lärche	Larix decidua	NH	0,6	Europa
	Light Red Meranti	Shorea spec.	LH	0,52	SO-Asien
4 = wenig dauerhaft	**Fichte**	Picea abies	NH	0,46	Europa
	Tanne	Abies alba	NH	0,46	Europa
	Southern Pine	Pinus elliottii	NH	0,45	S/N-Amerika
	Western Hemlock	Tsuga heterophylla	NH	0,49	N-Amerika
5 = nicht dauerhaft	**Buche**	Fagus sylvatica	LH	0,71	Europa
	Esche	Fraxinus excelsior	LH	0,7	Europa
	Pappel	Populus spec.	LH	0,44	Europa
	Southern Blue Gum	Eucalyptus globulus	LH	0,75	Europa

Quelle:Deutsche Gesellschaft für Holzforschung (Einheimische Arten sind fett markiert.)

Es ist noch gar nicht so lange her, dass Holzschutz und der Einsatz von Chemiegiften quasi ein und dasselbe war. Glücklicherweise hat nach dem Holzschutzskandal der 80er und 90er Jahre ein Umdenken eingesetzt. Inzwischen lassen sich auch nach dem deutschen Baurecht Holzhäuser und -Konstruktionen mit erheblich geringerem Einsatz harter Chemie erstellen. Möglich wird dies durch die Berücksichtigung von Konstruktionsmerkmalen, die auf das Holz abgestimmt sind und dadurch Pilz- und Insektenbefall weitestgehend ausschließen. Die Erkenntnisse aus dem Gebäude-Holzschutz können wir auch zum Schutz von Möbelstücken oder kleineren Holzkonstruktionen anwenden.

Holz hat in unserem Wohnumfeld, also Wohnung, Keller, Terasse und Garten, vor allem zwei Feinde: Pilze und Insekten.

Pilzschäden erfolgreich vermeiden

Pilzschäden lassen sich bei Holz sehr leicht vermeiden: zum einen durch die Verwendung von besonders widerstandsfähigen Hölzern, zum anderen durch Vermeidung von allzu viel Feuchtigkeit. Das Holz, vor allem das Kernholz, einiger Baumarten ist besonders gegen den Befall durch Pilze geschützt. Es hat spezielle Stoffe eingelagert, die Pilze abwehren bzw. eine Durchfeuchtung des Holzes verhindern.

Von unseren einheimischen Arten ist nur die Eiche vor Pilzbefall sicher. Aber auch die weniger gut geschützten Holzsorten können ohne zusätzliche Behandlung einem Pilzbefall trotzen, denn Pilze benötigen für ihr Wachstum sehr viel Feuchtigkeit. Solange Holz aber immer wieder trocknen kann, weist selbst dem Regen ausgesetztes Holz im Inneren selten mehr als 18 % Holzfeuchte auf. In unbeheizten Kellern werden sogar nur zwischen 8 und 15 % erreicht und in beheizten Räumen meist weniger als 10 %. Das ist so wenig, dass bisweilen schon durch das Schrumpfen des Holzes Risse auftreten.

Da aber Holz schädigende Pilze meist erst ab 20 % Holzfeuchte wachsen, richten sie nur dort Schaden an, wo Feuchtigkeit über längere Zeit auf das Holz einwirken kann. Dies mögen im Keller feuchte Wände sein, im Badezimmer verborgenes Kondenswasser oder aber im Freien Staunässe, vor allem wenn Regenwasser an Schnittkanten von Balken für längere Zeit stehen bleibt. Am gefährlichsten für Holz ist direkter Erdkontakt, denn gegen die im Boden lebenden Pilze und Mikroorganismen ist auf die Dauer kein Kraut gewachsen.

Werden Gartenmöbel gelegentlich durch Regen nass, macht dies normalerweise

Abb. 17:   Mit dem FSC-Warenzeichen werden Holzprodukte ausgezeichnet, die aus nachhaltig bewirtschafteten Wäldern stammen, unabhängig zertifiziert nach den strengen Richtlinien des Forest Stewardship Council.

überhaupt nichts aus. Am ehesten werden noch die Scharniere durch das Quellen des Holzes geschädigt. Dennoch ist es sinnvoll, hölzerne Gartenmöbel zu imprägnieren, denn so kann das Wasser sehr viel schneller abfließen. Vor längeren Regenperioden sollten Sie Holzmöbel aber schützen; sie gehören dann ins Trockene.

Im Gartenfachhandel werden in jedem Frühjahr besonders wetterfeste Teakholzmöbel angeboten. Leider gibt es jedoch kaum eine Garantie dafür, dass diese aus umweltverträglich produziertem Holz hergestellt werden und nicht aus der Abholzung von Tropenwäldern stammen. Auch kanadisches Rotzedernholz wird gerne für Gartenmöbel benutzt, was zum Schwund des kanadischen Regenwaldes beiträgt. Nur der Weltforstrat FSC vergibt ein allseits anerkanntes Ökosiegel auf das man sich verlassen kann (siehe Abbildung 17). Dieses Zeichen steht für Holz aus nachhaltiger Waldbewirtschaftung.

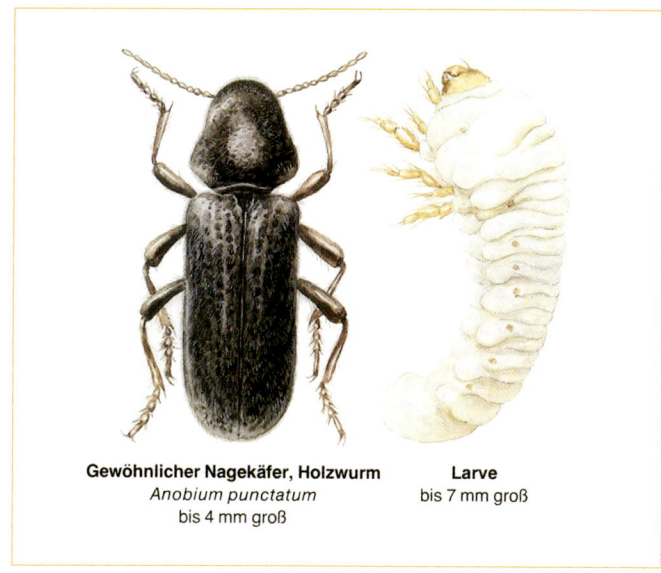

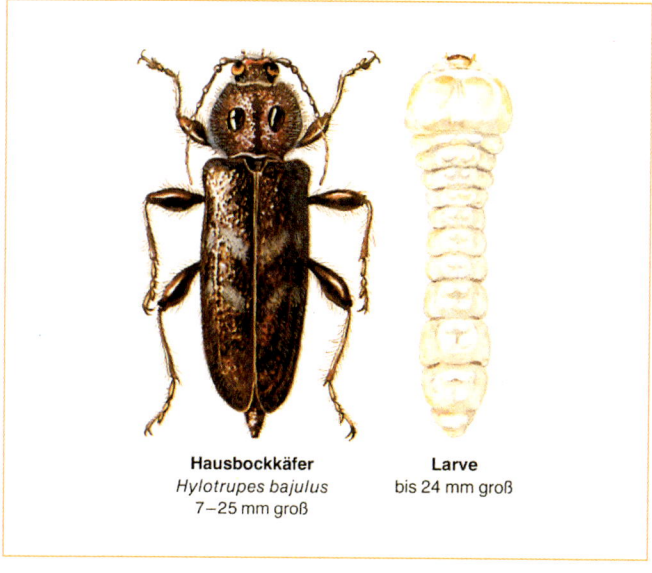

Gewöhnlicher Nagekäfer, Holzwurm	Larve
Anobium punctatum	bis 7 mm groß
bis 4 mm groß	

Hausbockkäfer	Larve
Hylotrupes bajulus	bis 24 mm groß
7–25 mm groß	

Abb. 18 a + b: Der Gewöhnliche Nagekäfer (Anobium punctatum), auch Holzwurm genannt, und Larve sowie der Hausbockkäfer (Hylotrupes bajulus) mit Larve.

Holzwurm & Co.

Holz dient sehr vielen Insekten als Nahrung. Dennoch treten rund ums Haus eigentlich nur die Larven dreier Käferarten als Schädlinge in Erscheinung: Hausbock *(Hylotrupes bajulus)*, Gemeiner Nagekäfer *(Anobium punctatum)* und Brauner Splintholzkäfer *(Lyctus brunneus)*. Die erwachsenen Käfer legen in kleinste Spalten und Öffnungen des Holzes Eier ab. Aus diesen schlüpfen Larven, die dann teilweise mehrere Jahre, beim Holzbock sogar bis zu 10 Jahren, im Holz leben und dieses langsam aushöhlen. Der Mensch sieht häufig erst die Ausfluglöcher der erwachsenen Käfer oder durch kleine Risse herausrieselndes Bohrmehl.

Auch wenn die Larven dieser Arten selbst in sehr trockenem Holz überleben können, gedeihen sie am besten in etwas feuchterem Holz, wie es unter dem Dachstuhl oder im Keller zu finden ist. Die typischen „Holzwurmlöcher" in alten Möbeln etwa stammen meist vom Nagekäfer, der gerne im Keller gelagerte Möbel befällt.
Der Splintholzkäfer ist da jedoch ein Sonderfall: Da er aus tropischen Regionen stammt, gedeiht er sogar in nur 7 % feuchtem Holz zentralbeheizter Wohnungen. Da die erwachsenen Käfer aber nie sehr weit fliegen und häufig kaum einen Raum verlassen, ist ein Neubefall glücklicherweise sehr selten. Meist „holt" man

sich diesen Mitbewohner mit einem Stück bereits befallenem Tropenholz aus dem Handel oder mit einem bereits bewohnten Möbel ins Haus.
Tritt ein Befall tragender Bauelemente durch Schadinsekten auf, dann ist natürlich der Fachmann gefragt. Zur Bekämpfung des Hausbocks in Dachstühlen gibt es heutzutage giftfreie Behandlungsmethoden auf Heißluftbasis, und selbst wertvolle Antiquitäten lassen sich in geeigneten Klimakammern behandeln. Trotzdem brauchen wir die Hände nicht in den Schoß zu legen. Wir haben daher im Folgenden einige Rezepte zusammengestellt, die vor allem vorbeugend oder bei frischem oder vermutetem Befall in Möbelstücken wirken.

Abb. 19: Hölzer, die mit unseren Pflegemitteln behandelt wurden, glänzen seidig und sind vor Insekten- und Pilzbefall weitestgehend gefeit.

Natürliche Holzschutzmittel

Holzimprägnierung mit Mooswachsöl

Mooswachsöl ist ein Neben-, besser ein Abfallprodukt der Parfümherstellung. Während die ätherischen Wirkstoffe der Moose als eine der Basiskomponenten in Parfümkompositionen dienen, enthält das Mooswachsöl Bestandteile, die besonders gegen Pilze wirksam sind. Darin unterscheidet es sich kaum von unserem Lebermoosextrakt (siehe *Seite 66ff.*).

Da Mooswachsöl in fester Form gehandelt wird und leider nur extrem schwer löslich ist, haben wir uns für bereits in Terpentin und Leinöl gelöstes Mooswachsöl entschieden. Dieses können Sie in den Läden, die üblicherweise die von der Hobbythek empfohlenen Produkte vertreiben, erhalten. Diese Mischung ist vor allem zur Imprägnierung von unbehandeltem Holz gedacht. Wir wissen aus eigener Erfahrung, dass Mooswachsöl ein guter Schutz für Holz ist: Vor 5 Jahren haben wir Keile aus Kiefernholz mit Mooswachsöl gestrichen und seit dieser Zeit im Freien, leicht geschützt an einer Hauswand, aufbewahrt. Sie sind lediglich durch das Licht etwas nachgedunkelt, zeigen jedoch am Holz keinerlei Schäden. Das Mooswachsöl sollten Sie nach der ersten Imprägnierung nur noch sparsam verwenden. Wenn Sie noch etwas Niemöl zugeben, ist ein zusätzlicher Schutz gegen Schadinsekten gegeben:

Holzschutzmittel HT

> 25 ml Niemöl
> 100 ml Mooswachsöl

Rühren Sie das Niemöl einfach in das Mooswachsöl ein, eventuell leicht erwärmen.
Niemöl und Mooswachsöl sind zwei wirkungsvolle Holzschutzmittel der Natur. Allein durch seinen Geruch wirkt Niemöl auf viele Insekten abstoßend. Doch damit nicht genug: Es besitzt zudem verschiedene Wirkstoffe, die Insekten an einer erfolgreichen Vermehrung hindern.

Man kann das Niemöl auch wirkungsvoll mit Lebermoosextrakt kombinieren: Unsere folgende Möbelpolitur pflegt das Holz, wirkt aufgrund des Niemöls abschreckend auf Ungeziefer und durch den Lebermoosextrakt vorbeugend gegen Schimmelpilze.

Möbelpolitur

> 10 g Carnaubawachs (siehe *Seite 87*)
> 25 g Kokosöl
> 8 g Niemöl
> 7 g Confonder (siehe *Seite 87*)
> 55 ml heißes Wasser
> 1 ml Lavendelöl
> 1 ml Citronellaöl
> 1 ml Zedernholzöl
> 2,5 ml LV 41 (siehe *Seite 88*)
> 1 ml Lebermoosextrakt HT oder alkoholischer Moosextrakt, selbst gemacht

Carnaubawachs, Kokosöl, Niemöl und Confonder bei 80 °C in einem feuerfesten Gefäß auf der Herdplatte schmelzen, das etwa gleich warme Wasser hineinrühren. Nach dem Abkühlen die ätherischen Öle, die zuvor miteinander und mit dem Lösungsvermittler LV 41 gemischt wurden, sowie Lebermoosextrakt (siehe *Seite 69*) oder selbst gemachten alkoholischen Moosextrakt (siehe *Seite 68*) zusetzen.

Carnaubawachs ist ein hochwertiges Wachs, das von der Oberfläche von Palmblättern gewonnen wird. Confonder ersetzt die bisher verwendete Lamecreme und dient als Emulgator.

Die erkaltete Politur in einen Tiegel oder in eine leere Blechtube geben. Sie eignet sich im Prinzip für alle Hölzer und Möbelstücke. Insbesondere bei Küchen- und Kleiderschränken macht sich die mottenvertreibende Wirkung bemerkbar, sie reicht aber alleine nicht aus. Die Politur reinigt und verleiht Holz einen schönen Glanz, besonders wenn nachpoliert wird. **Achtung:** Wenn Sie die Innenseiten des Kleiderschranks damit behandelt haben, sollten Sie die Wäsche erst nach einigen Stunden in den Schrank legen oder hängen. Vermeiden Sie aber etwa 1 – 2 Tage auch jetzt noch den unmittelbaren Kontakt der Kleidungsstücke mit dem behandelten Holz.

Einfache Möbelpflege mit Niem

Dieses Pflegeöl ist zur Pflege von Treppengeländern und Möbeln in feuchten, nicht ständig geheizten Kellerräumen geeignet.

> 5 g Carnaubawachs (siehe *Seite 87*)
> 100 g Sojaöl
> 25 g Niemöl

Carnaubawachs mit Sojaöl vermischen und im Wasserbad auf rund 85 °C erwärmen. Mit einem Löffelstiel kurz umrühren. Nach kurzem Abkühlen das Niemöl in das noch warme Öl einrühren. Das Pflegeöl sollten Sie sparsam mit dem leicht getränkten Lappen auftragen. Anschließend gut mit einem sauberen Lappen nachpolieren.

Wir empfehlen Ihnen im Folgenden eine Ölmischung, die Wasser abstoßend wirkt und dem Holz einen seidigen Glanz verleiht:

Einfache Holzpflege auf Ölbasis

> 50 g Leinöl
> 50 g echtes Terpentinöl

Leinöl und Terpentinöl einfach im Verhältnis 1:1 miteinander mischen, fertig. Die Holzpflege kann mit einem Pinsel oder einem Tuch aufgetragen werden. Sie eignet sich auch gut zur Behandlung von Wasserdampfschäden. **Achtung:** Mit Leinöl getränkte Lappen können sich selbst entzünden, besser im Freien trocknen lassen oder in gut schließenden Blechdosen aufbewahren.

Im Innen- wie Außenbereich lassen sich Hölzer mit folgender Ölmischung imprägnieren:

Holzimprägnierung

> 5 g Bienenwachs (siehe *Seite 87*)
> 37 g Leinöl
> 15 g Niemöl
> 40 g Terpentin
> 5 ml Lebermoosextrakt HT
>   (siehe *Seite 69*) oder alkoholischer Moosextrakt, selbst gemacht (siehe *Seite 68*)
> 3 ml Teebaumöl

Wachs in einem feuerfesten Gefäß, z. B. Becherglas, auf dem Herd oder im Wasserbad schmelzen und Lein- sowie Niemöl hinzufügen. Mischung gut umrühren, bis das Wachs komplett gelöst ist. Dann Terpentin, Lebermoosextrakt und Teebaumöl in die erkaltende Mischung rühren. Sollte das Wachs ausflocken, das Ganze noch einmal kurz erwärmen. Alles zügig durchrühren und die klare Mischung abkühlen lassen. Diese, eventuell nach einem vorhergehenden Holzschliff, mit einem Pinsel oder Baumwolltuch auf das Holz auftragen und gut einziehen lassen, denn sie ist sehr fettig, gegebenenfalls wiederholen. Diese Behandlung eignet sich hervorragend für Garten- und Verandamöbel oder Holzregale und dergleichen in feuchten Kellern und ist auch eine ungiftige Konservierung für Vogelhäuschen.

Bei Innenanwendung gut lüften.

Gut geklebt hält alles

Die Welt der Klebstoffe

Kleben ist eine Technik mit langer Tradition. Doch ist längst nicht mehr zu klären, wer diese Fertigkeit als erstes entwickelt hat. Sicher waren es nicht wir Menschen, ganz sicher ist sogar, dass Klebstoffe bereits viele Millionen Jahre, bevor der erste Mensch das Licht der Welt erblickte, existierten.

Im Pflanzenreich ist der Sonnentau ein uralter Klebstoffexperte. Er fängt seine Beute geschickt mit klebrigen Tropfen ein, die er am Ende seiner pflanzlichen Drüsenhaare ausscheidet.

Auch viele Muscheln haben einen Super-Kleber entwickelt. Damit können sie sich sogar in salzigem Wasser problemlos an

Abb. 20: Der Sonnentau ist ein wahrer Klebstoffexperte. Seit Urzeiten fängt er seine Beute geschickt mit klebrigen Tropfen ein, die er am Ende seiner Drüsenhaare ausscheidet.

steinigen Felsen festheften. Es ist fast unglaublich, wie gut dieser Klebstoff dem zerstörerischen UV-Licht der Sonne und auch der gewaltigen Kraft der brechenden Wellen standhält. Wissenschaftler versuchen schon seit Jahren verzweifelt, den Muschelklebstoff im Labor nachzubauen, um ihn so dem Menschen verfügbar zu machen. Auch die Honigbienen sind wahre Meister des Klebens: Seit 90 Millionen Jahren bauen sie ihre Waben aus Wachs, sozusagen einem Schmelzklebstoff der Natur.

Der Mensch begann dagegen erst vor ca. 7000 Jahren mit dem Kleben. Ganz langsam und zunächst noch wenig innovativ, denn die ersten Klebstoffe kamen aus dem Angebot von Mutter Natur. So wurden in der jüngeren Steinzeit Speer- und Harpunenspitzen mit Birkenharz verklebt. Später benutzten die Sumerer auch natürlichen Asphalt, ein Gemisch aus Erdharzen und Mineralien, um damit ihre Häuser und Tempel zu festigen. Dann, 4000 Jahre vor Christus, sollen es wieder die Sumerer gewesen sein, die den Stein endlich ins Rollen brachten. Und so hat „SE.GIN" Geschichte geschrieben, der als der erste vom Menschen bewusst und eigenhändig entwickelte und hergestellte Klebstoff gilt. SE.GIN ist ein Leim, fachgerecht ausgekocht aus den Häuten von Tieren. Die alten Ägypter verfeinerten später diese Technik. Eine Tafel Hautleim, gefunden im Grab des Tut-ench-Amun, belegt, dass schon lange vor Christi Geburt Furnierarbeiten fachgerecht mit Leim durchgeführt wurden. Auch waren es die Ägypter, die bereits mit Dextrin und Stärke arbeiteten,

Stoffe, die sie aus der Papyruspflanze gewannen. Ja sogar Kasein, das Eiweiß der Milch, Blutalbumin, ein Protein aus dem Blut, sowie das pflanzliche Gummi arabicum sind schon seit mehreren Tausend Jahren als Klebstoffe im Einsatz. Mittlerweile hat der Mensch aber wahre Quantensprünge in der Klebstofftechnologie vollzogen, und damit sind wir heute auch entschieden weiter als Ikarus, der sein klebtechnisches Unwissen noch mit einem Sturz ins Meer bezahlen musste. Heute würde das nicht mehr geschehen, denn neben den Naturstoffen stehen uns auch ganz moderne, petrochemische Klebstoffe zur Verfügung.
Der erste vollsynthetische Haushaltsklebstoff kam im Jahr 1932 auf den Markt. Seit damals besteht „UHU Alleskleber" aus Polyvinylacetat, einem Klebstoff, der Papier nicht wellt, wasserfest ist und so ziemlich alles klebte, was zu jener Zeit im Haushalt und Büro vorkam. Doch eine Flut neuer Materialien, vor allem aus Kunststoff, überschwemmte das Land, und so schossen auch die passenden Klebstoff-Lösungen wie Pilze aus dem Boden.

Heute ist das Kleben längst zu einem eigenen Fachgebiet geworden. Der „Deutsche Verband für Schweißen und verwandte Verfahren" bil-

det seine Mitglieder zum „Klebpraktiker", „Klebfachmann" oder gar zum „Klebingenieur" aus. Schade nur, dass wir Laien kaum eine Chance haben, von solchen Spezialisten Tipps einzuholen. In Baumärkten und anderen Geschäften, in denen Klebstoffe vertrieben werden, sind kompetente Fachkräfte nur selten zu finden. Der Aufwand scheint sich nicht zu lohnen, zu klein sind einfach die Gewinne

Abb. 21:
Für jedes Produkt gibt es den passenden Klebstoff.

durch den Verkauf dieser Produkte. Deshalb sollte man alle anderen Möglichkeiten ausschöpfen, um an Informationen heranzukommen:

Die Suche nach dem richtigen Klebstoff

Die Marktführer Henkel und UHU – sie teilen sich 80 % des deutschen Klebstoffmarktes paritätisch und einträchtig untereinander auf – bieten neben Produktinformationen auch sehr übersichtlich gestaltete, interaktive Klebefallberatungen an: www.uhu.de oder www.henkel.de. Zusätzlich offerieren beide Firmen persönliche Telefonberatungen: Die Klebexperten von Henkel erreichen Sie unter der Nummer 02 11/7 97 82 72, die von UHU unter 0 72 23/28 42 82.

Natürlich werden Sie immer Empfehlungen für Produkte des jeweiligen Hauses erhalten, aber das sollte Sie nicht weiter stören, denn Sie können später immer noch alleine entscheiden, ob Sie das empfohlene Produkt oder ein typengleiches eines anderen Herstellers verwenden möchten.

Zudem gibt es für Interessierte ein sehr informatives Computerprogramm, es heißt GlueDo und bietet firmenunabhängige Informationen zu nahezu allen klebrigen Fragestellungen: Wie klebe ich meine Schuhe? Worauf muss ich beim Verkleben meiner Gartenteichfolie achten? Ist mein gusseiserner Weihnachtsbaumständer durch Kleben noch zu reparieren?

Professor Klaus Dilger, Klebstoffexperte an der RWTH Aachen und führender Kopf dieser Programmentwicklung, meint, dass gute Klebstoffe nur im technischen Fachhandel erhältlich sind. GlueDo sagt Ihnen, wie diese Produkte heißen und wer sie herstellt. Ursprünglich wurde dieses komplexe und interaktive Programm für Fachleute entwickelt. Seit neuestem ist aber auch eine abgespeckte Version für den fachlich interessierten Laien auf dem Markt. Nähere Informationen finden Sie im Internet unter: www.gluedo.de.

Um den Dschungel an Klebstoffen etwas zu lichten, kann es sich weiterhin lohnen, einen Blick in die Testergebnisse der Stiftung Warentest zu werfen. Für das Heft 5/94 wurden Vielzweckkleber, Zweikomponentenkleber und Sekundenkleber geprüft, für das Heft 9/94 Kleber für Glas, Porzellan und Kunststoff sowie Holzleim. Auch sollten Sie die wenigen Informationen, die den Klebstoffprodukten beiliegen, beherzigen, denn dabei handelt es sich sozusagen um das „Wissenselixier" des jeweiligen Klebstoffs.

Kleben: Technik, die fasziniert

Kleben verblüfft und fasziniert: Man nimmt zwei Teile, gibt ein wenig Flüssigkeit darauf, presst sie zusammen, und schon halten sie fest – ohne Werkzeug und ohne Schmutz, einfach, sauber und ganz leise.

Bei allen anderen Fügetechniken: Nieten, Schrauben, Löten oder Nageln, ist die Sache etwas komplizierter, da der Werkstoff meist angegriffen wird und der Aufwand wesentlich größer ist.

Dennoch gibt es auch beim Kleben einige Regeln zu beachten: Voraussetzung für einen guten Halt ist zunächst eine optimale Benetzung des Werkstoffes mit dem Kleber, denn wo kein Kleber ist, da hält auch nichts. Deshalb sollte der Klebstoff flüssig sein, denn ein fester Stoff lässt sich nur schwer streichen. Auch bereitet diese einfache Faustregel leider etwas Arbeit, denn das Säubern der Klebeflächen ist Basis einer guten Klebung. Die meisten Haken fallen nämlich nur deshalb wieder von der Badezimmerwand ab, weil der Klebstoff auf dem unsichtbaren Schmierfilm aus Fett und Staub keinen Halt findet.

Dreh- und Angelpunkt: Kohäsion und Adhäsion

Doch wie und warum klebt ein Kleber überhaupt? Der Fachmann beantwortet diese Frage stets lax mit einer griffigen Definition: „Ein Klebstoff ist ein nichtmetallischer Stoff, der Fügeteile durch Haftung auf der Oberfläche des Werkstoffes, der so genannten Adhäsion, und durch innere Festigkeit, der so genannten Kohäsion, verbinden kann." Klebstoffe kleben also, weil sie verschiedene Kräfte ausüben: Adhäsion und Kohäsion.

Die Haftung: Adhäsion

Die Adhäsion ist im Grunde ein ganz alltägliches physikalisches Phänomen. Adhäsion kommt zustande, wenn zwei Stoffe sich auf eine Entfernung von wenigen Angström – 1 Angström sind 0,000 000 000 1 m – nähern. Solch eine geringe Entfernung ist kaum mehr vorstellbar, und tatsächlich begibt man sich hierbei schon auf die Ebene von Molekülen. Begegnen sich zwei Moleküle auf dieser kurzen Distanz, so üben sie Wechselwirkungen aus und ziehen sich an. Damit wird auch verständlich, dass die Klebestelle absolut sauber sein muss, denn wo die Moleküle nicht ganz dicht zueinander finden, da können sie sich auch nicht anziehen, Adhäsion findet dann nicht statt.

Etwas anders liegt die Sache bei porösen Naturmaterialien wie Papier und Pappe. Hier verklammern sich die Moleküle einfach in den Klüften des Materials und halten sich so mechanisch fest.

Die innere Festigkeit: Kohäsion

Nun würde eine gute Adhäsion aber wenig nutzen, wenn der Klebstoff selbst keine innere Festigkeit hätte. Diese Festigkeit ist wichtig, damit der Klebstoff nicht einfach vom Werkstoff runterfließt, sondern vielmehr die Distanz zur anderen Seite des Klebstückes überbrücken kann, um damit letztlich die beiden zu verklebenden Teile zusammenzuhalten. Auch hier sind es molekulare Kräfte, die diese Leistung vollbringen. Da die Kräfte zwischen den einzelnen Molekülen mit zu-

nehmender Erstarrung größer werden, wird eine optimale Kohäsion erst mit dem Abbinden des Klebstoffes erreicht.

Eine niedrige Kohäsion macht sie möglich: Haftkleber

Eine ganz besondere Gruppe der Klebstoffe stellt dieses Wissen zunächst scheinbar auf den Kopf: die Haftklebstoffe. Diese härten nicht aus und haben deshalb eine niedrige Kohäsion. Das allerdings erlaubt ein scheinbares Unding, nämlich dass der Klebstoff bei Bedarf problemlos wieder zu entfernen ist. Wenn man so will, sind Haftklebstoffe Klebstoffe, die kontrolliert schlecht kleben.

Gefahren durch Klebstoffe?

Wie bei vielen Dingen im Leben ist auch bei den Klebstoffen ein Denken in engen Kategorien, in Schwarz und Weiß, ziemlich unsinnig. Es wäre ja auch zu schön, hätte man einfache Kriterien zur Beurteilung einer jeden Substanz, doch leider ist die Welt längst nicht mehr so einfach, und gerade bei Klebstoffen ist es besonders kompliziert.

Das wird schon daraus ersichtlich, dass die Basissubstanz der einzelnen Klebstoffe praktisch nichts über das Anwendungsgebiet und meist auch gar nichts über mögliche Risiken aussagt.

So wird beispielsweise Polyvinylpyrrolidon nicht nur als Grundlage für Klebestifte, sondern früher auch als Bestandteil von Blutersatzmitteln eingesetzt. Von Kleb-

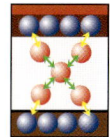

= Moleküle des Schuhs

= Moleküle des Klebstoffs

= Adhäsion zwischen Werkstoff und Klebstoff

= Kohäsion zwischen Klebstoffmolekülen

Abb. 22: Kohäsion und Adhäsion sind die beiden Kräfte, die bewirken, dass verklebte Materialien haften.

stoffen auf Polyurethan-Basis wird Handwerkern im Teppichbodenbelagsbereich wegen möglicher gesundheitlicher Gefahren abgeraten, im Endkonsumbereich gelten Polyurethan-Klebstoffe z. B. unter dem Markennamen „UHU Alleskleber Kraft" als anerkannte Universalkleber, und die Firma Beiersdorf empfiehlt Patienten gar, Polyurethan in offene Hautwunden zu geben. Beiersdorf verarbeitet einen Polyurethanklebstoff in ihrer neuesten medizinischen Produktlinie „Cutinova" und freut sich, einen Klebstoff an der Hand zu haben, der eine schonende und antiallergene Wundbehandlung ermöglicht. Diese Tatsachen machen klar, dass Polyurethan-Kleber eben nicht gleich Polyurethan-Kleber ist.

Ein Klebstoff ist eine komplexe Komposition aus vielen Einzelbestandteilen. Viele Additive, Weichmacher, Konservierungsstoffe, Lösungsvermittler usw. sind deshalb neben der Qualität des Hauptinhaltsstoffes mitentscheidend für die Bedenklichkeit oder Unbedenklichkeit einer komplexen Klebstofformulierung. Deshalb fordern wir an dieser Stelle zunächst eine umfassende Deklaration der Zusammensetzung aller Klebstoffe am Markt. Eine Forderung, die bei jedem kosmetischen Produkt gang und gäbe ist. Generell aber sollten Sie folgende Leitregeln bei der Auswahl von Klebstoffen beachten: Gibt es einen Klebstoff ohne Lösungsmittel oder ohne Gefahrensymbol, so ist dieser einem Kleber mit Lösungsmitteln bzw. mit Gefahrensymbol vorzuziehen. Die Hobbythek ist deshalb der

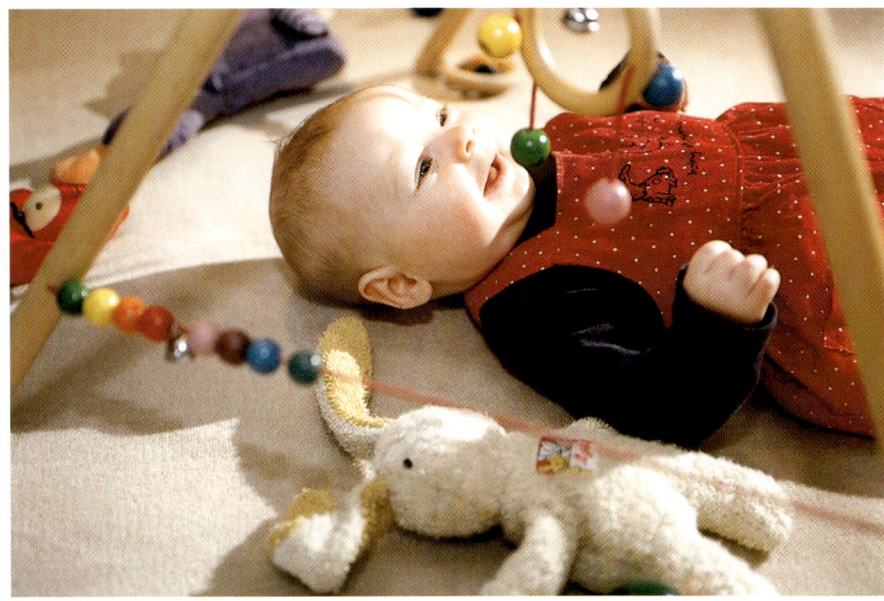

Abb. 23: Zum Glück für unsere Kinder haben sich die Bodenbelagsklebstoffe in den letzten Jahren erheblich verbessert. Doch hier könnten noch wesentlich mehr Fortschritte zum Wohle unserer Gesundheit gemacht werden.

Meinung, dass zum Basteln der Einfachheit halber Naturklebstoffe verwendet werden sollten. In diesem Produktbereich, wo es im Wesentlichen um das Verkleben von Pappe und Papier geht, kommt man hiermit wunderbar klar und ist aus ökologischen und gesundheitlichen Gesichtspunkten auf der sicheren Seite.
Gute Klebeergebnisse erzielt man aber nur mit einem zum Klebproblem passenden Kleber. Es macht keinen Sinn, eine Porzellantasse mit einem lösungsmittelfreien Alleskleber kleben zu wollen, um dann nach dem ersten Geschirrspülgang

die Tasse in Einzelteilen wieder aus der Maschine herausfischen zu müssen. Die Industrie bietet uns heutzutage nahezu für jedes Klebstoffproblem den dazugehörigen Kleber; mancher davon trägt allerdings ein Gefahrensymbol. In einem solchen Fall muss jeder für sich abwägen, ob das zu klebende Teil dies wert ist oder nicht. Dass Klebstoffe kein Spielzeug sind, sollte jedem bewusst sein.
Falls lösungsmittelhaltige oder riechende Klebstoffe eingesetzt werden sollen, achten Sie immer auf gute Belüftung.

Zu den moderneren Klebstoffsystemen gehören auch die Schmelzklebstoffe. Sie sind bei ihrer Anwendung besonders umweltfreundlich, bestehen in der Regel aus festen, physiologisch unbedenklichen hochpolymeren Thermoplasten und setzen deshalb bei ihrer Anwendung praktisch keine organischen Stoffe frei.

Ein problematisches Thema sind aber die Bodenbelagsklebstoffe. Viele Verbraucher sind aufgeschreckt, weil in diesem Zusammenhang in der Presse auch immer wieder von Krebs erregenden Stoffen die Rede ist. Glücklicherweise beziehen sich solche Meldungen vor allem auf Bodenbeläge, die schon vor Jahrzehnten verlegt wurden. Seitdem haben sich die Klebstoffe erheblich verbessert. Betroffen sind in jedem Fall aber immer die schwächsten Glieder der Kette: Kleine Kinder, die auf den Böden herumtollen, toben und spielen, und auch gelegentliches Ablecken ist bei den Kleinsten ja nicht immer ausgeschlossen.

Um möglichen Gefahren vorzubeugen, sollte man vor allem bei einem alten Parkett dafür Sorge tragen, dass es von oben gut versiegelt ist; damit kann man ausgasende Klebstoffreste recht gut kontrollieren. Doch auch heute können Bodenbeläge zum Problem werden, weil riesige Mengen Klebstoff aufgetragen werden. Bei textilen Teppichböden besteht ihr Rücken zudem selbst zu einem großen Teil aus Klebstoffen. Außerdem wirken sie wie ein Schwamm, indem sie mögliche Schadstoffe aus

Abb. 24 a+b: Der neue Blaue Engel „weil emissionsarm" ersetzt ab sofort den alten „weil arm an Formaldehyd". Damit erfährt der Verbraucher endlich, was ein Möbelstück als Ganzes ausdünstet.

dem Untergrund aufsaugen und sie erst nach und nach wieder an die Raumluft abgeben.

Blauer Engel im Anmarsch

Das Werk ist vollbracht. Die ersten Blauen Engel, die für unbedenkliche Klebstoffe garantieren sollen, sind im Anmarsch. Die überprüften Klebstoffe gibt es zwar nicht direkt zu kaufen, aber das sollte den Verbraucher nicht weiter stören, denn ausgezeichnet werden können ab sofort komplette, verklebte Möbelstücke und andere Holzprodukte, wenn sie unter Beweis stellen können, dass sie insgesamt besonders emissionsarm sind.

Und so macht es natürlich auch sehr viel Sinn, dass das alte Umweltzeichen „weil arm an Formaldehyd" ersatzlos gegen das neue „weil emissionsarm" ausgetauscht wird. Denn was nutzt wenig Formaldehyd im Schlafzimmerschrank, wenn andere Stoffe, die die Gesundheit vielleicht noch viel mehr belasten, unerkannt ausgasen?

Wir würden uns freuen, wenn dieser erste Engel weitere nach sich ziehen würde; die Fußbodenbelagsklebstoffe stehen als nächstes auf dem Programm, und wir von der Hobbythek werden uns mit darum bemühen, dass sich die Jury Umweltzeichen zukünftig auch mit anderen Klebstoffgruppen befasst, z. B. Bastelkleber für Kinder.

Bodenbelagsklebstoffe: ein kritisches Kapitel

Wenn der typische Neugeruch eines Fußbodenbelags auch nach vier Wochen noch nicht verflogen ist oder wenn es gar zu gesundheitlichen Beeinträchtigungen kommt, dann beginnt laut Petra Kristandt vielfach das branchentypische „Schwarze-Peter-Spiel": Der Händler verweist an den Teppichhersteller, dieser an den Klebstoffproduzenten, der an den Handwerker, jener an den Händler – und schon kann das Spielchen wieder von vorne beginnen. Petra Kristandt kennt das aus Erfahrung, denn sie ist Umweltreferentin in der niedersächsischen Verbraucher-Zentrale und hat sich über Jahre intensiv in das komplizierte Kapitel der Bodenbelagsklebstoffe eingearbeitet. Klagen über Kopfschmerzen, tränende Augen, Müdigkeit, Schnupfen, Husten, Heiserkeit, Übelkeit oder Schwindelgefühl bekommt sie täglich zu hören. Tatsächlich können Schadstoffe in unserer Wohnungsluft solche unspezifischen Symptome auslösen und zu Erkrankung führen, z. B. zum „Sick Building Syndrom" (SBS) (siehe *Seite 9*).

Vor einigen Jahren hätten die Beschwerden der Verbraucher jedoch drastisch zurückgehen müssen, denn damals tat die Branche einen gewaltigen Schritt nach vorne und produzierte wasserlösliche, „lösungsmittelfreie" Dispersionsklebstoffe. Wenige Jahre später gab sie sich einen zweiten Ruck, gründete die „Gemeinschaft Emissionskontrollierte Verlegewerkstoffe" und schuf sich selbst ein Produkt-Kennzeichnungssystem. Doch die Beschwerden nahmen nicht ab, denn, wie sich später herausstellte, löste eine unscheinbare Klausel in einer kleinen Rechtsvorschrift eine folgenschwere Entwicklung aus. „TRGS 610" heißt das Werk und ist eine „Technische Regel für Gefahrstoffe", die Handwerker dazu verpflichtet, „Ersatzstoffe und Ersatzverfahren für stark lösemittelhaltige Vorstriche und Klebstoffe für den Bodenbereich" einzusetzen. Die Klausel legt willkürlich fest, dass Lösungsmittel, die bei über 200 °C sieden, nicht als Lösungsmittel zu bezeichnen seien. Die Klebstoffhersteller wiederum waren um Ersatzstoffe verlegen, und so haben sie für die klassischen „niedrigsiedenden" Lösungsmittel schließlich „hochsiedende" Lösungsmittel eingesetzt. Hochsiedende Lösungsmittel sind also Substanzen, die erst oberhalb von 200 °C sieden und deshalb weit weniger flüchtig sind als Niedrigsieder, damit ist auch der Gestank der Kleber stark reduziert.

Der Handwerker kann während seiner Verlegearbeiten wieder freier atmen. Hier hat die Umstellung der Rezepturen arbeitsmedizinisch zweifelsohne sehr viel Gutes erbracht. Auch die Hersteller selbst freuen sich, denn dank der Klausel aus der TRGS 610 können sie ihre Produkte als „lösungsmittelfrei" deklarieren, auch dann, wenn doch welche – nämlich hochsiedende – enthalten sind. Nur der Dritte im Bunde, der Kunde, hat es nicht so gut getroffen, denn „Hochsieder" sind besonders tückisch.

Im Gegensatz zu den altbekannten Vertretern der niedrigsiedenden Lösungsmittel wie etwa Toluol, riechen Hochsieder meist bei weitem nicht mehr so aufdringlich. Sehr häufig haben sie einen eher süßlichen Geruch. Doch im Gegensatz zu den Niedrigsiedern kann man Hochsieder durch Lüften kaum mehr verjagen, da sie nur sehr langsam über Monate und Jahre in die Raumluft entweichen. Der Verbraucher setzt sich deshalb einer Dauerbelastung aus.

Das Schlimmste aber ist, dass die hochsiedenden Lösungsmittel bis heute noch zu den eher unbekannten Substanzen gehören, sodass Toxikologen die Gefahren, denen wir uns damit aussetzen, bislang nicht hinreichend einschätzen können. Verbraucherschützer stehen mit dieser Sorge nicht alleine da, auch das Umweltbundesamt beurteilt die Deklaration derartiger Produkte mit „lösungsmittelfrei" als „problematisch". Doch nun soll der Missstand endlich behoben werden. Das Umweltbundesamt hat die Bundesanstalt für Materialforschung und -prüfung beauftragt, ein Konzept für ein nationales Umweltzeichen „Emissionsarme Bodenbelagsklebstoffe" zu entwerfen. Mit diesem Zeichen könnten Handwerker und Verbraucher zukünftig zweifelsfrei die unbedenklichsten Produkte herausfiltern.

Bis dahin wird es aber leider noch ein paar Jahre dauern, und der Verbraucher muss mit den Produkten leben, die uns der Markt bietet. Nun haben sich in der Praxis zwei Kennzeichnungssysteme nebeneinander etabliert, die aber völlig unterschiedliche Aussagen zur Sache machen:

GISCODE: Kennzeichnungssystem für den Fachmann

Für Fachleute ist schon seit Jahren der GISCODE, der Gefahrstoff-Informations-System-Code, oberste Richtschnur bei der Beurteilung eines Fußbodenklebstoffes.
Der Handwerker kann daran erkennen, ob es sich um einen physikalisch abbindenden Dispersionsklebstoff (D), einen Kunstkautschuk- bzw. Harz-Klebstoff (S), einen chemisch abbindenden Epoxidharz- (RE) oder Polyurethan-Klebstoff (RU) handelt. Weiterhin geben die Einstufungen innnerhalb der vier genannten Klebstoffgruppen Aufschluss über die Belastung des entsprechenden Klebstoffes mit niedrigsiedenden Lösungsmitteln. Sollten Sie in die Verlegenheit kommen, sich für ein Produkt, klassifiziert nach diesem System, entscheiden zu müssen, so empfehlen wir ausschließlich „D1"-Klebstoffe.

GISCODE für Klebstoffe und Vorstriche für den Bodenbereich

Dispersions-Klebstoffe und -Vorstriche	
D1	lösemittelfrei
D2	lösemittelarm, aromatenfrei
D3	lösemittelarm, toluolfrei
D4	lösemittelarm, toluolhaltig
D5	lösemittelhaltig, aromatenfrei
D6	lösemittelhaltig, toluolfrei
D7	lösemittelhaltig, toluolhaltig

Stark lösemittelhaltige Klebstoffe und Vorstriche	
S1	aromaten- und methanolfrei
S2	toluol- und methanolfrei
S3	aromatenfrei
S4	methanolfrei
S5	toluolfrei und methanolhaltig
S6	toluolhaltig

Hinweis: Handwerker müssen, wenn sie Produkte der „S-Klasse" verwenden, Atemschutzgeräte tragen. Deshalb sollten Sie diese Produkte meiden.

Epoxidharz-Klebstoffe und -Vorstriche	
RE1	lösemittelfrei
RE2	lösemittelarm
RE3	lösemittelhaltig
RE4	stark lösemittelhaltig

Hinweis: Epoxidharz-Klebstoffe und -Vorstriche können Allergien auslösen. Der Zentralverband Parkett- und Fußbodentechnik spricht von einem „hohen Gesundheitsrisiko" für Boden- und Parkettleger. Diese Produkte sollten Sie deshalb generell meiden.

Polyurethan-Klebstoffe und -Vorstriche	
RU1	lösemittelfrei
RU2	lösemittelarm
RU3	lösemittelhaltig
RU4	stark lösemittelhaltig

Hinweis: Polyurethan-Klebstoffe und -Vorstriche können Allergien auslösen. Der Zentralverband Parkett- und Fußbodentechnik spricht von einem „hohen Gesundheitsrisiko" für Boden- und Parkettleger. Diese Produkte sollten Sie deshalb generell meiden.

Das zweite Deklarationssystem ist von der „Gemeinschaft Emissionskontrollierte Verlegewerkstoffe", kurz „GEV", entwickelt worden.

Die folgenden Texte stehen auf dem abgebildeten Gebinde:

...er ...lassen und nach ca. 30-60 ...ten. Nur Holz- oder Kunst- ... verwenden. Mit Prilwasser ...chen. Achtung: Bei porösen ... können Fixierungsreste in ... verbleiben. **Hinweis:** Fixierte

Beläge sind nach ca. 3-4 Stunden begehbar, nach einem Tag voll belastbar. Werkzeuge mit Wasser reinigen bevor Vliesrückenfixierung antrocknet.

	Verbrauch pro m²	ausreichend für
	ca. 200 g	ca. 3 m²

320126

0.7kg

GEV-EMICODE®
EC1
sehr emissionsarm

DER GRÜNE PUNKT

* gemäß TRGS 610 frei von Lösemitteln mit einem Siedepunkt < 250° C.

Nur restentleerte Gebinde zum Recycling geb...

D9901400 09/99 92272300

Wakol-Chemie GmbH
D-66954 Pirmasens
Wakol-Chemie GmbH
A-6841 Mäder

WAKOL
CHEMIE

Abb. 25:   *Wenn Sie die Auswahl haben, empfehlen wir immer eher ein EC1-Produkt als einen nach GISCODE eingestuften Kleber.*

GEV: Gemeinschaft Emissionskontrollierte Verlegewerkstoffe e.V.

Führende Unternehmen der deutschen Klebstoffindustrie haben sich im Frühjahr 1997 mit dem Ziel zusammengetan, eine einfache Orientierungs-

hilfe bei der Auswahl von Verlegewerkstoffen, also Klebstoffen, Grundierungen, Spachtelmassen und Unterlagen, zu geben. Ihr Ansatz ist bestechend, denn nicht nur niedrigsiedende Lösemittel allein wie in den GISCODE, sondern alle flüchtigen Stoffe sollten erfasst werden. Und so ist ein Bewertungssystem entstanden, dass dem einzelnen Kleber bescheinigt, ob er emissionsarm ist oder nicht. Das Produkt-Kennzeichnungssystem heißt EMICODE und enthält drei Bewertungsgruppen: EC1, EC2 und EC3. Die besten Produkte fallen in die Gruppe EC1 und tragen das Prädikat „sehr emissionsarm". Wir von der Hobbythek finden den Ansatz dieser Bemühungen um gesundheitlich unbedenklichere Produkte sehr gut und unterstützenswert. Auch empfehlen wir, wenn Sie die Auswahl haben, immer eher ein EC1-Produkt als einen nach GISCODE eingestuften D1-Kleber.

Klebstoffkennzeichnungssystem EMICODE	
EC1	sehr emissionsarm (weniger als 500 µg/m³)
EC2	emissionsarm (500-1500 µg/m³)
EC3	nicht emissionsarm (über 1500 µg/m³)

Leider haben sich die Firmen, die sich in der GEV zusammengeschlossen haben, aber nicht zu einem wirklichen Wettbewerb durchringen können; und so hat man den Grenzwert für die besten Produkte mit 500 µg pro Kubikmeter Luft so hoch angesetzt, dass praktisch kein Hersteller durch die Maschen fiel. Mittlerweile können sich bereits über 80 % aller Klebstoffe für textile Bodenbeläge mit EC1 rühmen, der Rest ist aber oft gar nicht erst deklariert. Emissionsreiche Produkte sind also als solche nicht gekennzeichnet.

Auf der anderen Seite sind heute schon eine Reihe von Produkten auf dem Markt, die 500 $\mu g/m^3$ deutlich unterbieten. Dr. Jürgen Bremer, Innenraumluftexperte und Toxikologe am Landeshygieneinstitut in Greifswald, vertritt deshalb nach Austestung einer großen Menge von marktgängigen Klebstoffen die Ansicht, „dass der technische Stand von heute längst unterhalb von 100 $\mu g/m^3$ liegt". Leider aber dürfen diese Produkte damit noch nicht einmal beworben werden. Das ist schade, denn so hat man sich mit dem 500-μg-Grenzwert die Möglichkeit verbaut, die besten Produkte, also extrem emissionsarme oder gar emissionsfreie, auch wirklich als solche auszuzeichnen. Professor Bernd Seifert, Leiter der Abteilung Lufthygiene im Umweltbundesamt, ist der Meinung, dass gesundheitliche Beeinträchtigungen in Innenräumen erst dann weitestgehend ausgeschlossen sind, wenn die Immissionswerte, verursacht durch alle im Raum befindlichen Stoffe, auf Dauer 300 $\mu g/m^3$ nicht überschreiten.

An diesem Wert sollte sich auch der EMICODE messen und entweder die Grenzwerte absenken oder einfach eine neue Klasse einführen. Wir würden sie EC0 nennen, und die Produkte dürften höchstens 50 μg flüchtige Stoffe pro Kubikmeter Luft enthalten. Zudem fordern wir, dass die Hersteller Hochsieder kennzeichnen, denn die Aussage „lösungsmittelfrei" halten wir für eine Täuschung des Verbrauchers.

Emission und Immission

Als Emission bezeichnet man das Ausströmen luftverunreinigender Stoffe in die Außenluft, während Immission das Einwirken von Schadstoffen auf Menschen, Tiere und Pflanzen meint.

Warum schlechter, wenn es auch besser geht: Teppich-Kleber HT und Teppich-Grund HT

Warum sich mit dem Spatz in der Hand zufrieden geben, wenn auch die Taube vom Dach willig herabflattert? Wir wissen, dass es den Rolls Royce unter den Bodenbelagsklebstoffen längst gibt, und möchten Ihnen deshalb zwei hervorragende Produkte empfehlen: Es handelt sich um einen Teppichbelagsklebstoff, den wir der Einfachheit halber als **Teppich-Kleber HT** bezeichnet haben, und eine Grundierung, die in vielen Fällen vor dem eigentlichen Kleben aufgetragen werden muss, unseren **Teppich-Grund HT**.

Beide Produkte werden mit Wasser angerührt, enthalten deshalb keinerlei Lösungsmittel und sind mit Werten unter 50 $\mu g/m^3$ Luft äußerst emissionsarm.

Teppich-Kleber HT

Teppich-Kleber HT besteht aus Weißzement, Kunststoffpulver und Zellulose sowie mineralischen Füllstoffen. Nach einer Analyse am Landeshygieneinstitut in Greifswald setzt Teppich-Kleber HT bei bestimmungsgemäßer Anwendung gerade einmal 31 μg pro Kubikmeter Luft frei. Teppich-Kleber HT enthält Wasser als Lösungsmittel, ist also frei von anderen Lösungsmitteln ebenso von synthetischen Weichmachern und Hochsiedern. Unser Kleber ist weiterhin nach der Durchtrocknung geruchsfrei und enthält keine Konservierungsmittel, denn es handelt sich um einen Pulver-Dispersions-Klebstoff, der bis zum Zeitpunkt der Anwendung trocken und damit unanfällig für Verkeimungen bleibt.

5 kg Klebergrundmasse werden in 2,25 l Wasser eingerührt, am besten mit einem Bohrmaschinenquirl. Je nach Bodenbelag müssen Sie mit einem Verbrauch von etwa 300 – 500 g/m² rechnen. Ein Papiersack mit 5 kg reicht daher für etwa 10 – 16 m².

Nähere Angaben finden Sie auf einem Informationsblatt, das dem Produkt beigelegt wird. Falls dieses fehlt, sollten Sie es einfordern.

Anwendungsbereich:
● Teppichböden
● Nadelfliesbeläge
● Linoleum
● Kork-Beläge (unbeschichtet)

Teppich-Grund HT

Teppich-Grund HT besteht aus Zement und Kunststoffpulver. Auch der Teppich-Grund HT wurde im Greifswalder Landeshygieneinstitut auf Herz und Nieren geprüft. Insgesamt fanden die Chemiker eine Emission von 49 µg/m^3 Luft. Weiterhin hat Teppich-Grund HT die gleichen Vorzüge wie unser Teppich-Kleber HT: keine Konservierungsstoffe, keine Lösungsmittel, also keine Niedrig- und auch keine Hochsieder, keine synthetischen Weichmacher.

5 kg Teppich-Grund HT werden in 2 l Wasser eingerührt, am besten mit einem Bohrmaschinenquirl. Der Verbrauch liegt bei etwa 200 – 300 g/m^2.

Der 5-kg-Papiersack reicht deshalb für rund 16 – 25 m^2.

Anwendungsbereich:

- Grundierung von Zement-Estrichen
- Auf alten, wasserfesten Klebstoffresten als Feinausgleich, Grundierung und Geruchsbremse

Hinweis: Sie sollten vorher bedenken, dass das Verkleben eines Teppichs mit diesen Produkten nicht so narrensicher ist wie mit einem lösungsmittelhaltigen Klebstoff, denn das chemische Verhalten dieses ökologischen Klebersystems ist etwas kniffelig: Seine offene Zeit, also die Zeit, in der der fertig angerührte Klebstoff verarbeitet werden muss, ist nämlich relativ kurz. Danach bindet er ab und ist nicht mehr brauchbar. Zügiges Arbeiten ist hier also Voraussetzung. Auch benötigen Sie zum Anrühren beider Produkte eine Bohrmaschine mit Aufsatz, nur so können Sie die Pulver klumpenfrei verarbeiten.

Bevor Sie aber loslegen, sollten Sie überlegen, ob Sie den Teppich überhaupt mit Klebstoff fixieren wollen. Deshalb an dieser Stelle eine kleine Checkliste:

Einfaches Auslegen: Besprechen Sie mit einem Fachmann, ob eine Verklebung überhaupt notwendig ist. Wichtige Kriterien hier sind die Größe des Bodenbelages, die Beanspruchung (Schreibtischstuhlrollen?) und die Qualität bzw. das Material des Bodenbelags. Gute Lösungen kann man insbesondere in kleineren Räumen auch mit punktueller Verklebung, z. B. mithilfe eines doppelseitigen Klebebandes, erzielen.

Fixierungen: Prüfen Sie, ob Ihr Bodenbelag wirklich flächig verklebt werden muss oder ob hier nicht auch eine einfache Fixierung reicht. Zusätzlicher Vorteil: Fixierungen lassen sich später leichter wieder lösen.

Verspannungen: Verspannungen sind ein einfaches und sehr effektives Ersatzverfahren.

Moderne Lösungen: Vor dem Kauf eines Teppichbodens sollten Sie überlegen, ob Sie nicht auf ein Produkt ausweichen können, bei dem das feste Verkleben überflüssig wird. Seit wenigen Jahren hat etwa die Firma Vorwerk ein Verspann-System auf den Markt gebracht, das mit Hilfe von Klettverschlüssen funktioniert. Der Teppichhersteller Domo Besmer entwickelt zur Zeit zusammen mit dem Klebstoffhersteller WULFF ein vollkommen

neues Teppichsystem. Dabei soll ein zementärer Teppichrücken den üblichen Belag austauschen. Teppichklebstoffe zur Fixierung am Boden würden überflüssig, da der Zementrücken stark genug sein sollte, den Boden auch bei größten Beanspruchungen in Form zu halten. Zwar haben die Hersteller bei dieser Entwicklung mehr eine praktikable Nutzung des somit leicht austauschbaren Bodens vor Augen, aber wir meinen, dass sich der Boden insbesondere im Hinblick auf Einsparung von Klebstoffen lohnen könnte.

An dieser Stelle möchten wir auch noch auf ein rechtliches Problem aufmerksam machen: Falls Sie beabsichtigen, den Boden fachgerecht auslegen zu lassen, so sollten Sie bedenken, dass Sie die gesetzliche Gewährleistung von bis zu 5 Jahren nur in Anspruch nehmen können, wenn der Bodenbelag fachgerecht verklebt ist.

Tipp: Die Verbraucher-Zentrale in Niedersachsen mit Sitz in Hannover bietet Profi- und Hobby-Handwerkern gegen ein geringes Entgelt eine telefonische Beratung rund um Fragen zum richtigen Klebstoff im Bodenbelagsbereich an.

Wenn Sie Rat suchen, so sollten Sie die Fachkompetenz der zuständigen Umweltreferentin Petra Kristandt und ihrer Kollegen nutzen. Sie erreichen sie unter der Telefonnummer 01 90/79 79 06.

Klebstoff für Nähmuffel

Klebstoffe haben unsere Umwelt längst durchdrungen, auch unsere Kleidung. Rund 10 000 Tonnen sorgen allein in Europa jedes Jahr für den richtigen Halt eines Revers am Anzug oder für die bleibenden Falten am Rock. Viele Taschen werden längst schneller geklebt als genäht. Wo früher in aufwändiger Handarbeit Einlagen in Jacken und Mäntel eingearbeitet wurden, werden diese heute im Handumdrehen mit Bügelpressen verklebt und fixiert.

Mit Naturstoffen kann man hier wenig ausrichten, denn die meisten würden sich schon nach der ersten Wäsche lösen, deshalb haben sich hier v. a. petrochemische Klebstoffe bewährt. Wir haben uns für den Hausgebrauch um einen möglichst verträglichen Klebstoff bemüht:

Textil-Coll HT:
der streufähige Bügelklebstoff
für den Hausgebrauch

Wir haben uns für einen Klebstoff aus der Gruppe der Copolyamid-Typen entschieden. Copolyamide sind den Polypeptiden, den langkettigen Eiweißen der Natur, sehr ähnlich und bestechen überdies durch ihr breites Anwendungsspektrum.

Industriell werden Copolyamide in der Bekleidungs-, Schuh- und Polstermöbelindustrie eingesetzt, innerhalb der Automobilindustrie zur Verklebung der Hutablagen, des Dachhimmels, der Türseitenteile und der Sitze.

Abb. 26:
Wenn Sie Textil-Coll HT in einem Salzstreuer aufbewahren wollen, tragen Sie unbedingt Sorge dafür, dass es zu keinen Verwechslungen kommt!

Unser Textil-Coll HT wird als thermoplastischer Schmelzklebstoff eingesetzt, deshalb kann vollkommen auf Lösungsmittel verzichtet werden; er setzt also keinerlei Gerüche oder Dämpfe frei. Auch lässt er sich nach dem Verkleben durch erneutes Aufschmelzen wieder lösen. Textil-Coll HT ist ein echter Profirohstoff, und es hat uns Mühe und Überzeugungsarbeit gekostet, diesen Kleber auch dem Laien zugänglich zu machen. Textil-Coll HT klebt derart gut, dass man für jede Anwendung wirklich nur ein ganz kleines bisschen verbraucht. Geringer Verbrauch bedeutet aber geringer Absatz, und da die Chemische Industrie beim Verkauf ihrer Produkte in Tonnagen rechnet, mit der Einheit Gramm hingegen wenig anzufangen weiß, war es, wie gesagt, nicht leicht, den Stoff auch in kleinen Mengen verfügbar zu machen.

Textil-Coll HT liegt als streufähiges Pulver vor, das Sie in einem kleinen, gut gekennzeichneten Salzstreuer aufbewahren können. Tragen Sie aber unbedingt dafür Sorge, dass es zu keinen Verwechslungen kommen kann.

Mit Textil-Coll HT können Sie wunderbar Flicken auf durchgerutschten Kinderhosen anbringen, auch verschiedene Materialien können problemlos miteinander verklebt werden, also z. B. Lederflicken auf eine Jeanshose. Generell ist Textil-Coll HT zum Verkleben nahezu aller Materialien geeignet, neben Baumwolle und Leder auch bei feinen Geweben und nahezu allen synthetischen Fasern. Nur Materialien aus Polyethylen und Polypropylen sowie PVC-Gewebe oder -Folien sind mit Textil-Coll HT nicht klebbar.

Aufbügeln eines Flickens

Legen Sie den Flicken mit dem Rücken nach unten auf ein altes Tuch und bestreuen Sie ihn mit dem Klebstoffpulver.

Legen Sie vorsichtig ein Stück Backpapier auf den Flicken und halten Sie das Bügeleisen so lange darauf, bis der Klebstoff geschmolzen ist. Sie erkennen dies leicht daran, dass das Backpapier an dieser Stelle dunkler erscheint. Nehmen Sie nun den präparierten Flicken, platzieren Sie ihn an der gewünschten Stelle des Textils und pressen ihn mit Hilfe des Bügeleisens etwa 15 – 20 Sekunden gut an. Dann entfernen Sie das Bügeleisen, lassen den Klebstoff wieder erkalten, und schon sitzt der Flicken bombenfest.

Textil-Coll HT schmilzt bei einer Temperatur von ca. 105 °C. Sie können alternativ zu der „Bügeleisenmethode" auch das mit Textil-Coll HT bestreute Gewebe im Backofen vorbereiten. Der Fachmann nennt dies „Sintern". Entnehmen Sie den Flicken, wenn der Klebstoff geschmolzen ist und bügeln Sie ihn dann wie oben beschrieben auf. Stellen Sie vorher sicher, dass die Stoffe der Flicken die Temperaturen im Backofen aushalten. Außerdem sollten Sie, insbesondere wenn es sich um ein gutes Kleidungsstück handelt, generell an einer unauffälligen Stelle eine Probeklebung durchführen.

Mit Textil-Coll HT verklebte Materialien lassen sich sehr gut chemisch reinigen und halten selbst Wäschen bis zu 60 °C prima aus. Achten Sie unbedingt auf möglichst ordentliches Arbeiten, ansonsten haben Sie anschließend nicht nur ihr Textil, sondern auch ihr Bügelbrett und das Bügeleisen auf unbestimmte Zeit verklebt.

Grundsätzlich gilt: Je dünner das Textil, desto schwerer die Verklebungen, denn der Griff des Materials ändert sich natürlich durch das Einbringen einer zusätzlichen Substanz. Das Gewebe wird an der Stelle härter und starrer. Bei einem derben Lederflicken auf einer ausgebeulten Jeanshose wird man den Kleber wohl kaum fühlen, bei einer feinen Bluse könnte sich der Griff aber erheblich verändern. Wir appellieren deshalb an Ihr Fingerspitzengefühl, das Ihnen zusammen mit Ihrer wachsenden Erfahrung im Umgang mit unserem Textil-Coll HT die Grenzen und Möglichkeiten zunehmend weisen wird.

Es gibt sicherlich noch viele Bereiche, in denen sich Textil-Coll HT gut einsetzen lässt, z. B. zum Einkleben von Namensschildchen auf Textiletiketten, zum Basteln von Textilcollagen, zum Befestigen von Polsterstoffen oder auch zum Verkleben von silikonisierten und anderen mit wasserabweisenden Substanzen ausgerüsteten Geweben.

Klebstoffe entdecken unseren Körper

Klebstoffen ist nichts mehr heilig, längst haben sie auch unseren Körper als Arbeitsfeld entdeckt. Vor allem Chirurgen sind dankbare Abnehmer. Sie verabschieden sich immer öfter von Nadel und Faden und greifen gern zur praktischen Tube.

Cyanacrylat, bekannt als Basissubstanz von Sekundenklebern, wird eingesetzt, um kleine Risse in der Haut schonend zu kitten. Selbst klebende Pflaster für offene Wunden sind ein alter Hut, doch auch innere Organe lassen sich heute mit speziellen Bandagen blitzschnell flicken. Mit Polyethylenglycol, einer Allerweltschemikalie, versuchen Wissenschaftler gar, getrennte Rückenmarkstränge wieder zusammenzufügen – noch werden die Experimente allerdings an Tieren durchgeführt. Mit einem anderen Gewebekleber werden Milz, Leber und sogar feinste Nervenzellen bereits gezielt repariert. Doch unser Körper muss nicht immer gleich in Not sein, wenn sich ein Kleber nähert. Mit Klebstoff lässt sich auch Dekoratives oder gar Lustiges anstellen: kleine Schmucksteinchen ankleben etwa oder falsche Bärte. Wichtig ist nur der richtige Klebstoff.

Nach Abwägung aller Vor- und Nachteile haben wir von der Hobbythek uns entschlossen, Ihnen einen Klebstoff auf Basis von Acrylaten zu empfehlen. Solche Kleber werden normalerweise von professionellen Maskenbildnern im Theater, bei Film und Fernsehen eingesetzt. Wir haben das Produkt Body-Tac HT genannt.

Kleben auf der Haut mit Body-Tac HT

Body-Tac HT ist ein wasserlöslicher, transparenter Kleber. Er besteht aus Wasser, einem Polyacryl auf Basis von Methacrylnatrium und Methylmethacrylat sowie Polyethylenglycol und Glycerin.

Zugegeben, beim Durchlesen der Inhaltsstoffe hat es auch uns zunächst die Sprache verschlagen. Doch wir haben bei dieser Recherche auch gelernt, die Emotionen etwas zurückzunehmen, wenn es um Verdauung von chemischen Fachausdrücken geht. Wir möchten aber nicht verschweigen, dass auch Polyacrylate Kontaktallergien auslösen können. Doch hat man uns versichert, dass bei dem ausgewählten Polyacrylat bei rund einer halben Million Anwendungen pro Jahr noch kein Fall bekannt geworden ist.

Die Anwendung von Body-Tac HT ist denkbar simpel: einfach auftragen, je nach Menge etwa eine ½ – 1 Minute antrocknen lassen, dann gewünschtes Teil, z. B. einen Strassstein, aufdrücken und einige Sekunden lang gut festhalten, fertig. Da Body-Tac HT Wasser als Lösungsmittel enthält, ist die Anfangsklebkraft geringer als bei anderen lösungsmittelhaltigen Hautklebern, z. B. Mastix. Das liegt an der langsameren Verdunstung des Wassers im Vergleich zu klassischen Lösungsmitteln wie Spiritus.

Die Einsatzmöglichkeiten von Body-Tac HT reichen vom Aufkleben kleiner Strasssteinchen und anderem Hautschmuck über die Gestaltung von Karnevalsmasken aus Watte und Wolle bis hin zum Ankleben von künstlichen Bärten, Augenbrauen oder künstlichen Glatzen.

Da Body-Tac HT sich mit Wasser entfernen lässt, macht auch starke Transpiration dem Kleber zu schaffen. Wer stark schwitzt, dem kann der angeklebte Gesichtsschmuck schon mal vorzeitig „abrutschen". Natürlich hält Body-Tac HT deshalb auch keinen Regen aus.

Abb. 27:   Die Anwendung unseres Body-Tac HT ist denkbar einfach: auftragen, kurz antrocknen lassen und Strasssteine aufdrücken.

Stärke: nachwachsender Klebstoff vom Acker

Winzigkleine Papierschnipselchen sorgten im Mai des Jahres 1860 für eine riesengroße Sensation. Die britische Post gab die ersten selbst klebenden Briefmarken heraus. Der Klebstoff bestand aus einem fein abgestimmten Gemisch aus Zuckermelasse und Kartoffelstärke.

Erstaunlich eigentlich, dass sich solch traditionelle Klebstoffe bis heute auf dem Markt halten können. Naturklebstoffe sind sogar wieder richtig im Kommen; zu verdanken haben sie diese Tendenz einem neuen Leitbild, das sich moderne Industriestaaten weltweit auf die Fahnen geschrieben haben: der „Nachhaltigkeit".

Stärkeklebstoffe werden diesem Anspruch in höchstem Maße gerecht, denn ihre Rohstoffe stammen vom Acker und können anschließend problemlos entsorgt werden. Zudem schont ihr Anbau die fossilen Ressourcen und hilft damit letztlich auch, das Klima zu schützen. Deshalb soll der Einsatz „nachwachsender Klebstoffe" wieder angekurbelt werden. Das wünscht sich auch der deutsche Landwirtschaftsminister und fördert die zügige Weiterentwicklung und Ausweitung ihrer Einsatzmöglichkeiten mit einem groß angelegten Forschungsprojekt. In der Klebstoffindustrie sind Stärken Klassiker unter den Rohstoffen. Die größten Mengen fließen in die Papier- und Wellpappenindustrie, aber auch als Etikettenklebstoff für Getränkeflaschen haben sie neben den Kaseinen ihre Stellung behaupten können.

Pflanzen bauen große Moleküle

Schon längst haben Chemiker erkannt, dass Stoffe mit sehr großen Molekülen besonders gute Klebeigenschaften haben. Vor allem der Zusammenhalt der Klebstoffmoleküle untereinander, die Kohäsion (siehe *Seite 41*), ist bei großen Molekülstrukturen von Natur aus extrem gut.

Nun sind es gerade die Pflanzen, die eine beeindruckende Vielfalt an Makromolekül-Strukturen geschaffen haben. Interessant ist, dass die wichtigsten Stoffe, Zellulose und Stärke, gleichzeitig auch im Klebstoffsektor die größte Bedeutung erlangt haben. Einen Zelluloseкleber hat so

ziemlich jeder Heimwerker schon mindestens einmal in seinem Leben selbst angerührt, denn kaum eine deutsche Tapete ist ohne ihn an die Wand gekleistert. Und dass Stärke gut klebt, wissen Köche und Köchinnen nur zu gut, denn sie alle haben schon oft genug den harten Kampf gegen festgeklebte Nudelreste oder Kartoffelpüree ausfechten müssen. Für Pflanzen ist Stärke ein Speichermolekül, bestehend aus 2 – 400 Glucosemolekülen, das sich problemlos in die Zellen einlagern lässt. Wahre Meister im Speichern von Stärke sind in unseren Breiten – auch verbessert durch Züchtungen – vor allem Mais, Kartoffeln und Weizen.

Von der Stärke zum Klebstoff

Stärkekörner sind hochkomplexe Gebilde, die aus vielen harten Kristallkörpern bestehen. Zum Kleben muss die Stärke erst einmal mithilfe von Wasser und Wärme aufgeschlossen werden. Das Wasser dringt in die Kristalle ein und lässt sie quellen, bei höheren Temperaturen bersten sie schließlich auseinander. Dann sorgt die Wärme für ein Schmelzen der Bruchstücke. Die Stärkemoleküle bilden nun ein lockeres Netzwerk aus eher fadenartigen Strukturen. Wird die Temperatur dann auf über 100 °C erhöht, trennen sich die einzelnen Moleküle voneinander und lösen sich im Wasser. Das Wasser wiederum lagert sich an und in den Molekülen ein, sodass ein dicker Kleister entsteht.

Das Klebeprinzip der Stärkeklebstoffe basiert auf einer rein mechanischen Verankerung. Die langen Moleküle der Stärke greifen wie Kraken in den Untergrund. Ist das Lösungsmittel Wasser dann verdunstet, erstarren die Moleküle und sitzen fest. Obgleich hier keine spezifische Adhäsion (siehe *Seite 41*) vorliegt, ist die Klebkraft nach dem Abbinden erstaunlich hoch. Da Stärkekleber auf Wasserbasis hergestellt werden und das Wasser während des Abbindens entweichen muss, werden diese Kleber für poröse, wasseraufsaugende Materialien eingesetzt, z. B. Papier, Pappe, Holz oder Stoff. Damit sind Stärkekleber im nichtindustriellen Bereich klassische Bastelkleber, die ihren optimalen Einsatz bei unseren Kindern, zu Hause, im Kindergarten und in den Schulen, aber auch im Büro finden. Stärkekleber sind preiswert und riechen nicht. Es bilden sich also auch keine unangenehmen „Lösungsmittel-Wolken".

Anwendungsbereich:
- Papier und Pappe
- Stoff
- Wolle, Filz und Leder
- Kork und Holz

Zur Herstellung eines guten Stärkeklebers haben wir einen Profirohstoff – Dextrin, ein Stärkeabbauprodukt – entdeckt. Mit unserem Gluedex HT (siehe *Seite 55*) können Sie Bastelklebstoffe selbst herstellen, die in der Anwendung sehr angenehm sind. Mit Gluedex HT können Sie übrigens auch schöne Kinderfingerfarben (siehe *Seite 26f.*) anrühren. Weiterhin haben wir einen hervorragenden fertigen Klebstoff aufgetan: Klebtikus HT (siehe *Seite 56*).

Sie können sich aber auch aus den handelsüblichen Rohstoffen selbst einen Stärkekleber herstellen:

Stärkekleber HT

40 g	Maisstärke
30 g	Zucker
120 ml	Wasser

Die Maisstärke und den Zucker mit 30 ml lauwarmem Wasser glatt rühren. Währenddessen die übrigen 90 ml Wasser in einen passenden Glasbecher oder eine kleine Glasschüssel geben, in ein Wasserbad stellen und zum Kochen bringen. Dann den Stärkebrei hineingeben und so lange rühren, bis die Stärke aufgequollen ist. Der gesamte Vorgang dauert etwa 3 – 5 Minuten. Den Topf vom Herd ziehen und den Kleister in ein verschließbares Gefäß umfüllen, fertig. Der Klebstoff ist sofort einsatzbereit.
Tipp: Um den Klebstoff etwas geschmeidiger und das Handling damit angenehmer zu machen, können Sie, bevor Sie den Topf vom Herd ziehen, 5 g Glycerin einrühren.

D a Zucker dazu neigt, Wasser anzuziehen, sorgt er während der Abtrocknung des Klebstoffes dafür, dass das Wasser immer wieder zwischen dem Werkstoff und dem Klebstoff hin und her gesogen wird. Dadurch bildet der Zucker so eine Art Feuchtigkeitspuffer. Er wirkt also ausgleichend. Bei Papieren erzielt man so ein gleichmäßigeres Abbinden

des Klebers und damit eine verminderte Bildung von unschönen Wellen.
Füllen Sie den Kleber in ein flaches Gefäß. Da er angenehm pastös ist, können Sie ihn bequem mit einem festen Borstenpinsel oder völlig unkompliziert auch direkt mit einem Finger entnehmen und auftragen.
Der Klebstoff ist vollkommen geruchsneutral. Falls Sie eine leichte Duftnote bevorzugen, dann geben Sie, nachdem Sie den Kleber vom Herd gezogen haben, ein bis zwei Tropfen eines Aromaöles

hinzu. Um Kinder aus grundsätzlichen Erwägungen heraus nicht zum „Naschen" zu animieren, empfehlen wir Duftstoffe, die nicht an Lebensmittel erinnern, z. B. Lavendel- oder Rosenöl.

Reinigung: Arbeitsutensilien, Behältnisse, Hände und Kleidung können problemlos mit Wasser und gegebenenfalls mit etwas Spülmittel oder Seife gereinigt werden. Selbst ausgehärtete Klebstoffreste, etwa in Kleidungsstücken, werden durch längeres Einweichen, z. B. durch

Abb. 28:
Das sind die Zutaten für unseren selbst gemachten Stärkekleber:
Maisstärke, Zucker und Wasser.

einen normalen Waschvorgang, wieder gelöst und können so ebenfalls rückstandsfrei gesäubert werden.

Ein Wort zur richtigen Stärke

Jeder Fachmann hat uns eindringlich zur Verwendung von Kartoffelstärke als Grundsubstanz für einen guten selbst gemachten Stärkekleber geraten. Er ließe sich besser verarbeiten und habe eine höhere Klebkraft als Maisstärkekleber, hieß es. Und doch glichen unsere Ergebnisse stets eher einem Pudding denn einem guten Klebstoff, und das, obwohl wir – zumindest theoretisch – so alle Tricks und Kniffe kannten, mit deren Hilfe man einen Stärkekleber perfektionieren kann. Offensichtlich sind die in Lebensmittelgeschäften erhältlichen Kartoffelstärken einfach ungeeignet. Die in ihnen enthaltenen Moleküle sind offenbar so groß, dass sie zur Ausbildung hochviskoser Kleister neigen, die selbst mit dem technologischen Rüstzeug eines gut ausgestatteten Hobby-Klebstoffkochs einfach nicht mehr zu meistern sind.

Rohstoffe: Maisstärke finden Sie preiswert in jedem Lebensmittelgeschäft. Leider ist dieser Rohstoff aber normalerweise auf den Packungen nicht deklariert. Bei den größten Anbietern von Speisestärken haben wir uns erkundigt: Die Firma RUF Lebensmittelwerk verbirgt ihre Maisstärke hinter der Produktbezeichnung „Rufin Feine Speisestärke", bei der Firma Bestfoods steckt die eher preiswertere Maisstärke hinter dem Namen „Mondamin Feine Speisestärke".
Der Lebensmittelkonzern Aldi führt Maisstärke offen deklariert unter dem Namen „Remiga". Glycerin erhalten Sie in jeder Apotheke.

Haltbarkeit: Kleber auf Basis von natürlichen Stärken verkeimen naturgemäß sehr rasch. Nach etwa einer Woche beginnen sie zu schimmeln und sind dann unbrauchbar. Deshalb sollten sie den Klebstoff entweder für jede Bastelaktion frisch zubereiten oder einen Konservierungsstoff einarbeiten. Als Konservierungsstoff empfehlen wir Sorbinsäure. Sorbinsäure ist als Lebensmittelzusatzstoff zugelassen und damit als Klebstoffbestandteil vollkommen unbedenklich. Auch dann, wenn sich Ihre Kinder versehentlich mal die Finger ablecken.
Für unser Rezept von *Seite 53* benötigen Sie etwa eine Messerspitze Sorbinsäure. Rühren Sie diese sorgfältig unter, nachdem Sie den fertigen Klebstoff vom Herd gezogen haben.
Der konservierte Klebstoff ist nun viele Wochen oder gar Monate haltbar. Dennoch sollten Sie unnötige Verkeimungen vermeiden. Entnehmen Sie deshalb, insbesondere wenn Sie größere Mengen zubereitet haben, den Klebstoff möglichst nur mit einem Löffel aus dem Vorratsbehälter. Reste sollten nicht mehr zurückgegeben werden.
Sorbinsäure können Sie über Apotheken beziehen. Dann müssen Sie aber leider direkt größere Mengen abnehmen: Nach unseren Erfahrungen mindestens 50 g. Falls Sie diese Anschaffung scheuen, aber trotzdem einen konservierten Kleber verwenden möchten, können Sie auch auf unseren Klebtikus HT (siehe *Seite 56*) zurückgreifen.
Im Folgenden möchten wir Ihnen jetzt aber Rezepturen an die Hand geben, mit deren Hilfe Sie einen professionellen Bastelkleber im Nu selbst herstellen können:

Eine gute alte Lösung: Röstgummi

Der Name „Röstgummi" deutet auf den Herstellungsprozess hin, denn man kann ihn durch Rösten, also durch trockenes Erhitzen, von Stärke gewinnen. Auf Etiketten wird Röstgummi meist unter seiner moderneren Bezeichnung „Dextrin" oder gelegentlich als „modifizierte Stärke" geführt. Nun ist es am heimischen Herd etwas schwierig, Dextrine in einer gewünschten Qualität zu erzeugen, denn die Bedingungen im Kochtopf sind zu unkontrolliert.
Um einen guten Kleber herzustellen, muss vor allem die Viskosität, ein wesentliches Merkmal zur Unterscheidung der einzelnen Dextrintypen, stimmen. Wir haben uns beraten lassen und für ein Gelbdextrin aus Kartoffelstärke entschieden. Es hat nicht nur den Vorteil, dass Sie daraus im Nu einen wunderbaren Bastelkleber selbst herstellen können, es eignet sich zudem auch hervorragend als Grundlage für Fingerfarben (siehe *Seite 26*). Weil Dextrine normalerweise essbar

sind, ein technischer Rohstoff aber nicht den Grundsätzen des Lebensmittelrechts entsprechen muss, möchten wir vermeiden, dass dieses Dextrin versehentlich als Lebensmittel verzehrt wird.

Deshalb haben wir diesem Produkt den Namen **Gluedex HT** gegeben. Auf der Packung finden Sie auch die Information, dass es sich um ein „technisches Dextrin" handelt.

Gluedex-Kleber HT – Grundrezept

40 g	Gluedex HT
50 ml	Wasser
5 g	Zucker
2 g	Glycerin

Gluedex HT einfach in lauwarmes Wasser einrühren. Anschließend geben Sie den Zucker hinzu und rühren abermals gut durch. Zum Schluss wird noch das Glycerin (siehe *Seite 87*) eingearbeitet, fertig.

Gluedex-Kleber HT – edle Variante

50 g	Gluedex HT
40 ml	Wasser
15 g	Zucker
3 g	Glycerin
2 g	Borax

Zubereitung siehe *oben*. Das Borax, das den Kleber etwas pastöser macht, rühren Sie einfach zum Schluss mit unter.

Sie können ganz nach Ihren Ansprüchen und Vorlieben selbst entscheiden, welchen Klebstoff Sie bevorzugen. Allerdings müssen Sie auch grundsätzlich beden-

ken, dass Klebstoffe auf Wasserbasis erst dann Abbinden, wenn das Wasser entwichen ist. Je weniger Wasser enthalten ist, desto schneller bindet der Klebstoff also ab und desto weniger wellen geklebte Pappen und Papiere nach. Deshalb ist diese edle Variante für sauberere Ergebnisse eher zu empfehlen. Das Borax sorgt zudem für eine erhöhte Klebkraft.

Traditionell wird Borax gerne in natürlichen Klebstoffen eingesetzt, um damit die Klebeigenschaften zu verbessern. Borax ist ein Mineralstoff und besteht aus Bor, Natrium und Wasser. In großen Mengen pur aufgenommen, kann Bor zu

Vergiftungen führen. Tatsächlich können wir uns diesem Stoff aber nicht entziehen. Täglich nehmen wir durchschnittlich 10 – 80 mg mit unserer Nahrung auf. In Mineralwasser darf bis zu 1 mg Bor pro Liter enthalten sein. Für höhere Pflanzen ist Bor sogar ein lebensnotwendiger Stoff. Auch hier kommt es also, wie Paracelsus schon sagte, auf die Dosis an. Eine niedrige Konzentration schadet nicht. Unser Fazit lautet deshalb: Borax ist kein Spielzeug; man sollte aus gesundheitlichen Erwägungen vorsichtig damit umgehen, aber es gibt keinen Grund, deshalb auf einen guten Rohstoff zu verzichten. Borax können Sie in Apotheken kaufen.

Abb. 29:
Unser Röstgummikleber besteht aus Gluedex HT, das aus Kartoffelstärke gewonnen wird, Wasser und Zucker sowie Glycerin.

Wir schreiben drauf, was drin ist: Klebtikus HT

Vor 6 Jahren begann die Geschichte unseres Klebtikus HT. Damals überlegte Christoph Engelbrecht, welchen Klebstoff er seinen kleinen Kindern zum Basteln geben sollte. Unbedenklich sollte er sein, am besten ein Fingerkleber, damit die Kleinen ihre Kunstwerke mit den Händen so richtig bearbeiten können. Ein Glück, dass Engelbrecht Geschäftsführer einer mittelständigen Klebstofffirma ist, denn so konnte er seine Wünsche an

Winfried Stein, den damaligen Leiter seiner Abteilung für Produktentwicklung, weiterreichen. Stein probierte, tüftelte und testete. Heraus kam ein wunderbares Produkt, hergestellt aus Rohstoffen von Mutter Natur.

Doch die Kinder wurden größer, der Klebstoff verschwand in der Schreibtischschublade und die Rezeptur im Tresor. Die Hobbythek ist nun durch Zufall darauf gestoßen und war total begeistert. Wir möchten auch Ihnen **Klebtikus HT**, so haben wir das Produkt nun getauft, nicht vorenthalten. Klebtikus enthält eine modifizierte Kartoffelstärke, Wasser, Zucker, den Mineralstoff Borax als Klebeverstärker, Sorbinsäure als Konservierungsmittel und einen Aromastoff für den angenehmen Duft.

Um den Kleber einer extremen Belastung zu unterwerfen, haben wir ihn auch einem Kindergarten zur Verfügung gestellt; die Begeisterung dort war groß. Weil Klebtikus gerade für Kindergärten, Horte und Schulen ideal ist, haben wir dafür gesorgt, dass dieser Kleber nicht nur in kleinen haushaltsüblichen Mengen, sondern zusätzlich in Großpackungen zu je 1 kg angeboten wird.

Wie alle Naturstoffkleber mit Wasser als Lösungsmittel eignet sich auch Klebtikus HT besonders gut zum Basteln mit Papier, Pappe, Kork, Holz, Textilien und Leder. Natürlich ist er deshalb auch gut als Bürokleber zu verwenden.

Klebtikus HT hat eine fest-pastöse Konsistenz. Er kann sehr angenehm mit einem Borstenpinsel oder auch mit einem Finger entnommen und aufgetragen werden. Behältnisse, Pinsel, Hände und verschmutzte Kleidung können einfach mit Wasser und Seife gereinigt werden.

Falls Sie sich eine Großpackung zugelegt haben, sollten Sie, um eine Verkeimung des nur schwach konservierten Klebstoffs zu vermeiden, nur die jeweils benötigte Menge mit einem sauberen Löffel aus dem Eimer entnehmen und in einen kleineren Behälter, z. B. einen ausgespülten Joghurtbecher, umfüllen. Reste sollten nicht wieder in den Eimer zurückgegeben werden.

Abb. 30:   Für Kinder, die gerne basteln, ist unser Klebtikus HT ideal.

Der älteste Klebstoff der Welt: Gelatineleim

Modernste High-Tech-Entwicklungen können den ältesten Klebstoff der Welt nicht ersetzen: Gelatineleim besitzt ein solch breites Spektrum an bestechenden Eigenschaften, dass synthetische Klebstoffe ihm noch immer nicht gewachsen sind.

Unschlagbar ist er vor allem zum Kleben von Holz. Jämmerlich etwa klänge eine echte Stradivari, wäre sie nicht mit dem guten alten Gelatineleim verarbeitet. Ein entscheidender Grund dafür liegt darin, dass mit keinem anderen Holzleim so dünn geklebt werden kann wie mit diesem Naturstoff. Gerade bei einer Geige entscheidet schon die Dicke einer Klebefuge, ob ihr nur dumpfe Töne oder bezaubernde Klänge zu entlocken sind. Fachleute schwärmen gar von der Seelenverwandtschaft zwischen Holz und Gelatineleim, die daher rührt, dass sich Holz und Leim bei ändernden Temperaturen und Luftfeuchten ähnlich verhalten. Im Gegensatz dazu bleiben synthetische Holzleime praktisch starr. Sie dehnen sich kaum, wenn die Luftfeuchtigkeit steigt, und sie ziehen sich auch nicht so gut zusammen, wenn die Heizperiode und damit die Zeit der trockenen Wohnungsluft einsetzt. Holz hingegen ist das ganze Jahr über in Bewegung. Aus diesem Grund wird ein mit einem synthetischen Leim geklebter Stuhl nach einigen Jahren an den Klebestellen wackelig werden; beim Naturleim auf Gelatinebasis tritt dieses Problem nicht auf. Restauratoren

Abb. 31:   Jämmerlich klänge eine Stradivari, wäre sie nicht mit Gelatineleim verklebt. Fachleute schwärmen gar von der Seelenverwandtschaft zwischen Holz und Gelatineleim.

arbeiten schon deshalb praktisch ausschließlich mit diesem Naturstoff.

Vor 6000 Jahren fing alles an

Die Geschichte der Gelatineleime führt weit in die Geschichte der Menschheit zurück. Schon vor 6000 Jahren verwendeten die Sumerer tierische

Häute, um daraus Leim herzustellen. Später klebten auch Römer und Griechen mit diesem Naturstoff. Vom Mittelalter bis Anfang des 20. Jahrhunderts war Gelatineleim der wichtigste Klebstoff überhaupt. Allerdings mussten sich die Handwerker, also Papierhersteller, Tischler und Maler, ihre Leime aus Häuten und Fellen noch selbst zubereiten. Die erste Leimfabrik öffnete 1690 in Holland ihre Pfor-

Abb.32:
Dieser Kupferstich
aus dem Jahre 1771
zeigt eine große
Leimsiederei.

Doch damals wie heute lohnt sich der Aufwand, denn heraus kommt ein Klebstoff, der es in sich hat.

Von der Gelatine zum Klebstoff

Gelatine besteht aus drei schraubenförmig ineinander verschlungenen Molekülketten, durch Querverbindungen zu anderen Molekülen bilden sich riesenhafte Netze. Deshalb ist Gelatine zunächst eine feste Substanz. Damit daraus ein Klebstoff entsteht, braucht man Wasser. Dieses hat nun zwei Aufgaben: Zum einen bringt es die Gelatine zum Quellen, indem es sich in den Freiräumen des dreidimensionalen Netzwerkes der Riesenmoleküle einlagert. Diesen Prozess kann man auch mit den eigenen Augen beobachten, denn quellende Gelatine saugt Wasser wie ein Schwamm auf. Zum anderen benötigt man weitere Flüssigkeit, um die gequollene Gelatine zu lösen. Dies geschieht unter Wärmeeinwirkung. Die miteinander vernetzten Riesenmoleküle trennen sich dabei voneinander und schwimmen frei im Wasser herum. Der Fachmann nennt diesen Zustand „Sole".

Da Eiweiße sehr hitzeempfindlich sind, darf die Temperatur keinesfalls auf über 60 °C ansteigen. Im Solzustand ist der Gelatineklebstoff also flüssig, im späteren so genannten „Gelzustand" hingegen fest. Diese beiden Aggregatzustände – flüssig und fest – liegen beim Gelatinekleber sehr eng beieinander. Wird der Klebstoff aufgetragen, kommt er an die Luft und erstarrt in Bruchteilen von Sekunden, noch bevor das Lösungsmittel,

ten; Mitte des 19. Jahrhunderts entwickelten sich in Frankreich und Deutschland regelrechte Leimsiedeindustrien. Das Prinzip der Leimherstellung ist seit Anbeginn nahezu unverändert: Zunächst gilt es, das Ausgangsmaterial, tierisches Kollagen, zu isolieren. Kollagene sind Gerüsteiweiße und stecken in Sehnen, Knorpeln, Knochen und Bindegewebe. Je nach ihrer Herkunft findet man gelegentlich noch die alte Unterscheidung nach Knochen-, Haut-, Leder- oder Hasenbzw. Fischleim usw.

Der wichtigste Rohstoff sind die Häute von Säugetieren, die in Schlachthöfen und Gerbereien als Abfall anfallen. In den Leimfabriken werden sie zunächst über Monate hinweg unter Kalkwasser gelagert. Dabei baut sich das Leim gebende Kollagen langsam zu Glutin ab. Glutin ist die unreine Form der auch im Lebensmittelsektor verwendeten hochwertigeren „Gelatine". Diese Umwandlung von Kollagen zu Glutin ist ein wichtiger Schritt, denn nun ist aus dem wasserunlöslichen ein wasserlösliches Eiweiß geworden. Durch vorsichtiges Sieden mit Wasser wird das Glutin aus den Häuten herausgelöst. Diese entscheidende Prozedur hat dem gesamten Berufsstand den Namen des „Leimsieders" gegeben.

Früher mussten die stinkenden Häute in Wasser über Stunden per Hand gerührt werden, eine ermüdende Tätigkeit, die aber notwendig war, da der Leim ansonsten angebrannt wäre. „Stink-langweilig" war also damals die Arbeit, und tatsächlich geht dieser modern anmutende Ausdruck auf jene unbeliebte Arbeit zurück.

also Wasser, komplett entwichen ist. Fachleute sprechen von einem schnellen Anzug.

Aus diesem Grund kann Gelatineleim seinen Platz auch überall dort behaupten, wo es auf extrem gute Anfangsfestigkeit ankommt, z. B. in der Buchproduktion. Hier benötigt man Gelatineleim, weil man nur mit ihm den äußeren Einschlag der Buchdecke zum Halten bekommt.
Gelatineleim verklebt nur poröse Materialien, also vor allem natürliche Werkstoffe

wie Holz, Leder oder Papier. Betrachtet man diese Materialien durch die Lupe, werden unzählige Vertiefungen, Ritzen und Nischen sichtbar, in die der Klebstoff fließt. Geht der Leim vom Sol- in den Gelzustand über, erstarrt der Klebstoff und die Moleküle sitzen fest – mit dem einen Ende im zu klebenden Material, mit dem anderen im Netzwerk der Gelatine. Gleichzeitig beginnt der Klebstoff abzubinden, dazu muss sich das Wasser verflüchtigen. Ein Teil zieht in den Werkstoff – deshalb sind keine wasserabweisenden Materialien wie Kunststoff mit

Gelatineleim klebbar –, der Rest entweicht über die Klebefuge. Zum Schluss kommt nochmals faszinierende Chemie ins Spiel, denn die riesenhaften Molekülspiralen ziehen sich jetzt zusammen. Dabei entwickeln sie eine enorme Kraft, die Klebefuge schrumpft auf ein Minimum, und der Klebstoff hält nun felsenfest.

Eigenschaften der Gelatineklebstoffe:

- vollkommen ungiftig
- klebt sofort (schneller Anzug)
- dünnste Klebefugen möglich
- beständig gegen fast alle organischen Lösungsmittel
- auch nach vollständiger Abtrocknung wasserlöslich
- biologisch abbaubar

Einsatzgebiet:
- Kleben von Papier, Pappe, Karton, Kork, Leder, Holz
- Restaurieren von Möbeln
- Grundierungen von Bilderrahmen und Leinwänden

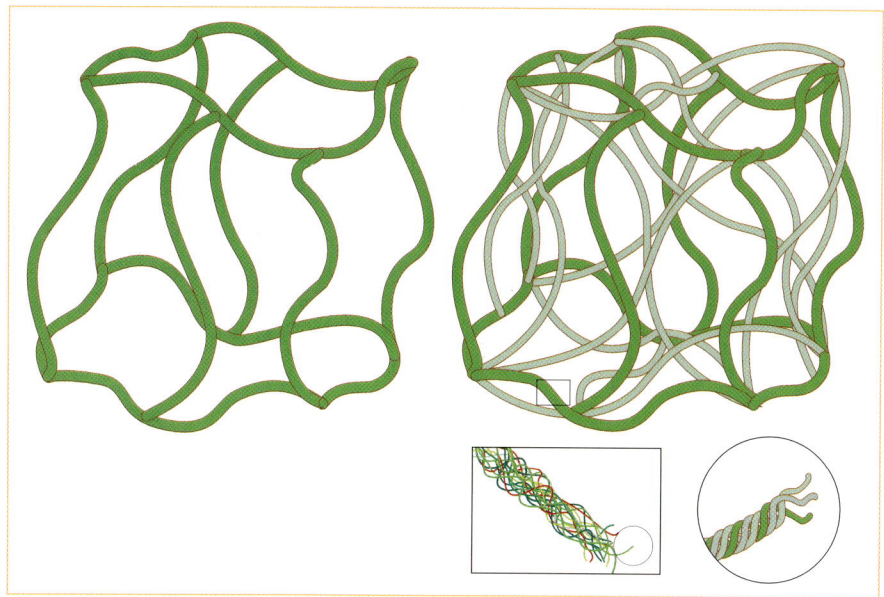

Abb. 33: Kein noch so genialer Chemiker könnte ein so komplexes System entwickeln, wie es die Natur mit dem Gelatineleim vorgemacht hat: Ein komplexes Gefüge von Gitternetzen ist verantwortlich für seine beeindruckende Klebkraft. Zunächst bildet sich eine grobe Gitterstruktur, anschließend sorgen weitere Moleküle für eine Feinvernetzung und damit für die extrem starke Kohäsion.

Gelatine zum Verkleben von Holz und Papier

Wir empfehlen für unsere Leimrezepturen eine technische Gelatine. Um Verwechslungen mit Speisegelatine vorzubeugen, haben wir dem Produkt, das Sie in den im Bezugsquellenverzeichnis aufgeführten Läden kaufen können, den Namen **Leimbasis HT** gegeben. Da die Anforde-

rungen an technische Naturprodukte niedriger sind als an Lebensmittelrohstoffe, können sie billiger produziert und angeboten werden. Zudem hat Leimbasis HT den Vorteil, dass sie etwas weniger quillt als handelsübliche Speisegelatine. Daraus ergeben sich praktische Vorzüge: Wenn eine Gelatine ein geringeres Quellungsvermögen hat, dann benötigt sie hierfür auch weniger Wasser; wenn der Leim weniger Wasser enthält, dann bindet er schneller ab.
Hier das Rezept für einen Holzleim:

Holzleim

35 g	Leimbasis HT
75 ml	Wasser

Das Wasser und die Leimbasis in ein hitzestabiles Gefäß, z. B. ein altes Marmeladen- oder Weckglas, geben, einmal gut durchrühren und anschließend bei Raumtemperatur rund 2 Stunden stehen lassen. Die Gelatine quillt nun langsam aus. Anschließend wird die Masse in einem Wasserbad unter Rühren bei 50 – 60 °C aufgeschmolzen, fertig. Die Einhaltung der Temperatur ist ganz wichtig, da die Eiweiße der Gelatine bei höheren Temperaturen zerstört werden. Der Klebstoff ist nun einsatzbereit. Wenn Sie ihn länger stehen lassen, dann erkaltet und erhärtet er wieder. Sie können ihn aber etwa eine Woche lang beliebig oft erneut erwärmen. Danach beginnt dieser unkonservierte Kleber zu verderben.
Tipp: Die Temperatur auf der Heizung reicht aus, um den Kleber flüssig zu halten, und auch ein Babyfläschchenwärmer kann hier gute Dienste leisten.

Auch Speisegelatinen (siehe *Seite 87*) sind von ihrer Klebkraft her sehr gut. Falls Sie Schweinegelatine einsetzen möchten, empfehlen wir folgende Rezeptur:

Holzleim auf Basis von Speisegelatine

25 g	Pulvergelatine vom Schwein
75 ml	Wasser

Herstellung siehe „*Holzleim*".
Möchten Sie Blattgelatine einsetzen, so rechnen Sie die Mengen bitte entsprechend um: Auf 1 Teil Speisegelatine kommen 3 Teile Wasser.

Wir bezeichnen diese beiden einfachsten Varianten eines Gelatineleims als Holzleim, um deutlich zu machen, dass sie hierfür am besten geeignet sind. Möchten Sie Materialien verkleben, die zum Wellen neigen, z. B. Papier oder dünnere Pappen, dann empfehlen wir abgewandelte Rezepturen:

Papierleim

2 g	Glycerin
30 g	Zucker
75 ml	Wasser
35 g	Leimbasis HT

Glycerin (siehe *Seite 87*) und Zucker in das Wasser geben, die Leimbasis gut unterrühren und 2 Stunden bei Raumtemperatur stehen lassen. Dann wird die Masse bei 50 – 60 °C im Wasserbad geschmolzen.

Papierleim auf Basis von Speisegelatine

2 g	Glycerin
30 g	Zucker
75 ml	Wasser
25 g	Pulvergelatine vom Schwein

Zubereitung siehe „*Papierleim*".

Bunte Klebstoff-Kraftpakete: Gummibärchen

So erstaunlich es klingen mag: Gummibärchen sind ausgezeichnete Klebstoff-Kraftpakete, gesundheitlich vollkommen unbedenklich, ökologisch absolut unproblematisch und klebtechnisch betrachtet nahezu genial.
Gummibärchen bestehen vor allem aus Gelatine und Zucker, und das in einer idealen Mischung zum Kleben von allerlei Papieren, Pappen und Holz. Hinzu kommen noch ein paar Aromastoffe und Farbstoffe. Diese sollten den Klebeprozess nicht weiter stören, könnten aber bei dem einen oder anderen Kind die Begeisterung für angewandte Klebstofftechnlogie entscheidend erhöhen.

Gummibärchen-Leim

10	Gummibärchen
etwas	Wasser

Geben Sie die Gummibärchen in ein hitzestabiles Gefäß und erwärmen Sie sie vorsichtig im Wasserbad. Wie alle Gelatineleime verträgt auch der Bärchen-Kleber keine Temperaturen über 60 °C. Hat sich das Weingummi aufgelöst, geben Sie so viel Wasser hinzu, bis der Leim die gewünschte Konsistenz hat. Nun lässt er sich wunderbar mit einem Pinsel auftragen.

Tipp: Ihrem Kind wird es besonderen Spaß bereiten, wenn Sie die Bärchen nach Farben sortieren, damit Sie keine braune Sauce, sondern einen schönen bunten Klebstoff erzielen.

Abb. 34: Gummibärchen sind ausgezeichnete Klebstoffe: gesundheitlich vollkommen unbedenklich, ökologisch absolut unproblematisch und klebtechnisch nahezu genial.

Gummibärchen-Leim klebt nach unserer Erfahrung ausgesprochen gut. Wir haben zwar keine Langzeitstudien durchgeführt, aber in Schnelltests steht er anderen Holzleimen in nichts nach, und Papier verklebt er besser als alle anderen lösungsmittelfreien Klebstoffe, die uns während unserer gesamten Recherche untergekommen sind: Auch nach der Klebung bleibt selbst gewöhnliches Schreibmaschinenpapier absolut glatt, von unschönen Wellen keine Spur.

Gips mit Gelatine veredeln: ein besonderer Tipp für Künstler

An dieser Stelle haben wir für alle Künstler, die gerne mit Gips modellieren, einen besonders reizvollen Tipp: Versetzt man Gips mit Gelatine, so erzielt man zwei wunderbare Effekte: Zum einen ist die Oberfläche der fertigen Gipsskulptur etwas weicher in der Struktur, zum zweiten lässt sich der Gips anschließend besser anmalen, da die Gelatine die Poren des Gipses besser schließt und somit ein Eindringen der Farbe verhindert. Sie benötigen deshalb weniger Farben beim Auftragen, und die Farben haben von Anfang an einen schöneren Glanz.

Edelgips

100 g	Gips
2 g	Leimbasis HT
	Wasser

Zunächst den trockenen Gips mit Leimbasis HT vermischen, dann eine entsprechende Menge Wasser hinzugeben und gründlich durchrühren. Wichtig ist, dass die Gelatine gut verteilt wird. Jetzt können Sie wie gewohnt weiterarbeiten.

Farbige Gelatine eignet sich auch sehr gut als Wandanstrich (siehe *Seite 21*).

Richtig haushalten – Kampf den Schädlingen

Früher hatte die Hausarbeit keineswegs einen so negativen Beigeschmack, wie es heute leider und völlig zu Unrecht der Fall ist. Die Ernährungslage und damit das Überleben der Menschen hing von einer gut geplanten Vorratshaltung ab. Viel von diesem Wissen ist in Vergessenheit geraten, denn alles soll im Schnellverfahren funktionieren. Kühlschränke und Kühltruhen erleichtern uns das Wirtschaften, doch sie garantieren uns keineswegs immer gesundheitlich unbedenkliche Lebensmittel. Lebensmittelvergiftungen gibt es auch heute noch in unserer modernen und, wie wir meinen, hygienischen Welt. So manche Magen-Darm-Grippe würde sich sicher bei genauerer Untersuchung als Lebensmittelvergiftung herausstellen. Salmonellen, Shigellen und andere bakterielle Erreger sind in unserer Umgebung natürlicherweise zu finden und können sich unter bestimmten Bedingungen in Lebensmitteln massenhaft vermehren.

Doch mit einem einfachen Trick lässt sich diese Massenvermehrung von vornherein unterbinden: kühle Lagerung. Bei weniger als 5 °C fühlen sich die Bakterien unwohl und unterlassen ihre Zellteilungen nahezu. Deshalb ist es wichtig, dass der Kühlschrank ausreichend kühl auf Temperaturen um 5 °C und darunter eingestellt ist. Lebensmittel, die ungekühlt und roh verzehrt werden, sollten frisch sein. Bei Temperaturen unter -18 bis -20 °C, wie sie in der Tiefkühltruhe herrschen, stellen alle Mikroorganismen ihre Vermehrung komplett ein. Die Haltbarkeit tiefgefrorener Lebensmittel wird lediglich durch chemische Prozesse, z. B. Ranzigwerden, begrenzt. Hier liefern die Mindesthaltbarkeitsdaten auf den Packungen eine Orientierung. Der Schutz vor gefährlichen Keimen in tiefgekühlten Lebensmitteln besteht jedoch nicht mehr, wenn die so genannte Kühlkette einmal unterbrochen wurde, d. h. wenn sie zwischendurch, z. B. auf dem Transport, aufgetaut sind und dann wieder eingefroren oder noch einige Zeit gelagert werden. Es ist deshalb sehr wichtig, tiefgekühlte Ware nach dem Einkauf schnell nach Hause zu bringen und dort sofort wieder einzufrieren. Für kurze Transporte kann es bei sommerlichen Temperaturen sehr hilfreich sein, die Tiefkühlware in mehrere Lagen Zeitungspapier einzuschlagen.

Die moderne Hygiene hat dazu beigetragen, dass Infektionskrankheiten, aber auch die früher gefürchteten Lebensmittelvergiftungen heute weitgehend kontrolliert werden können. Doch man kann es auch übertreiben. Wenn man heute z. B. die Putzmittelwerbung verfolgt, gewinnt man den Eindruck, Bad und Küche müssten nahezu steril sein. Blitzende Kacheln und strahlende Armaturen vermitteln ein Sauberkeitsgefühl, das nur noch von der Sterilität eines Labors oder Operationssaals übertroffen wird. Sauberkeit muss sein, aber diese

Abb. 35:   Zur Vorbeugung und nachhaltigen Bekämpfung von Schimmelverunreinigungen eignet sich unser Lebermoosspray.

übertriebene Reinheit ist der Gesundheit des Menschen offenbar keineswegs förderlich. So wird die Zunahme der Allergien in der westlichen Welt u. a. dieser übertriebenen Hygiene zugeschrieben. Dreck, so unwahrscheinlich es klingen mag, in Maßen „genossen", hat nämlich eine günstige Wirkung auf unser Immunsystem, weil es gefordert wird und sich nicht mit unwichtigen Stoffen wie Pollen beschäftigen kann. Näheres dazu finden Sie in unserem Hobbythekbuch „Joghurt, Quark und Käse".

Schimmel und andere Übel

Schimmelpilze sind wohl ein Problem, von dem nahezu jeder Haushalt betroffen ist. Der Hauptgrund dafür ist Feuchtigkeit. Feuchtes Mauerwerk neigt zur Pilzbildung, die umgangssprachlich je nach Schadbild auch als Schwamm bezeichnet wird; feuchte Hölzer beginnen zu schimmeln, und unter feuchten Teppichböden kann sich ebenfalls Schimmel ausbreiten. Deshalb gilt es natürlich in allererster Linie, die Feuchtigkeit zu vermeiden. Wichtig ist vor allen Dingen ausreichendes Lüften (siehe *Seite 64*). In Räumen, in denen viel Feuchtigkeit entsteht, also im Bad und in der Küche, sollte auf Teppichböden verzichtet werden. Selbstverständlich gilt dies auch für den meist feuchten Keller. Lebensmittel und andere Produkte, die leicht Schimmel ansetzen, sollten ständig kontrolliert werden. Verschimmeltes Obst oder Brot usw. gehören sofort in den Abfall. Die entspre-

chenden Vorratsgefäße, also der Obst- und der Brotkorb usw., sind anschließend gründlich zu reinigen. Je nach Gefäßart sollte hierfür zunächst eine milde Seifenlauge, z. B. warmes Wasser mit einem Spritzer Facetensid, verwendet werden, danach das Ganze mit einfachem Haushaltsessig auswischen und trocknen lassen. Erst nach dieser Behandlung den Korb wieder benutzen.

Zur Vorbeugung und nachhaltigen Bekämpfung von Schimmelverunreinigungen eignet sich unser Lebermoosspray:

Lebermoosspray

5 ml (1 TL) Lebermoosextrakt HT (siehe *Seite 69*) oder alkoholischer Moosextrakt, selbst gemacht (siehe *Seite 68*)
10 ml Wasser
10 ml Weingeist (Ethanol 90 %)

Lebermoosextrakt, Wasser und Weingeist miteinander vermischen und in einen kleinen Pumpspender füllen. Obst- und Brotkörbe können mit dem Spray behandelt werden, es eignet sich aber auch zur Behandlung von feuchten Ecken, insbesondere solchen mit Teppichbelag, und anderen schimmelanfälligen Orten. Statt Weingeist kann auch unser Kosmetisches Basiswasser (siehe *Seite 68*) verwendet werden. Dann hinterlässt das Moosspray jedoch einen leichten, natürlich ungiftigen Parfümhauch auf den behandelten Flächen.

Silberfischchen lieben es feucht

Silberfischchen, die man vor allem im Bad antrifft, sind zwar harmlos, können in Massen jedoch zur echten Plage werden. Darum sollte länger andauernde Feuchtigkeit generell vermieden werden. Nach dem Baden oder Duschen muss der Raum gut gelüftet werden, um vielen Mikroorganismen und lästigen Insekten wie Silberfischchen die lebensnotwendige Feuchtigkeit zu entziehen. Putz- und Wischlappen sollten nicht nass liegen gelassen werden; sie gehören gründlich ausgewrungen und aufgehängt. Manche Bäder sind allerdings schlecht zu lüften. Hier empfiehlt sich unser Floh- und Ungezieferpulver aus Kieselgur von *Seite 76*. Einfach auf den Boden, in die Ritzen oder eventuell über Nacht sogar ins Waschbecken und die Wanne streuen – am nächsten Morgen sind die Silberfischchen vertrocknet.

Sanfter Hausputz à la Hobbythek

Milde Frische aus der Apfelsine

Ein wunderbar mildes Universalreinigungsmittel ist unser **Oranex** auf der Basis von Orangenöl (siehe *Seite 88*). Es reinigt gründlich, hinterlässt einen angenehmen Geruch nach Orange und kann sogar unverdünnt als Lösungsmittel, z. B. für Wachsflecken, verwendet werden.

Oranex lässt sich auch ideal mit anderen Seifen oder Tensiden kombinieren. Hier einige Rezepte:

Hobbythek-Wischwasser
(für 10 l Wasser)

10 ml	Facetensid
5 ml	Oranex

Facetensid und Oranex miteinander vermischen. Facetensid (siehe *Seite 87*) ist ein sehr mildes Tensid, das wir bereits in unseren Haarshampoos (siehe Hobbythekbuch „Rund ums Haar") verwendet haben. Sogar unverdünnt brennt es nicht in den Augen. Selbstverständlich ist es in unserem Wischwasser gleichermaßen mild zu den Händen.

Hobbythek-Wischwasser gegen Schimmel
(für 10 l Wasser)

5 ml	Lebermoosextrakt HT (siehe *Seite 69*) oder alkoholischer Moosextrakt, selbst gemacht (siehe *Seite 68*)
10 ml	Facetensid
5 ml	Oranex

Lebermoosextrakt, der im Wasser eine Pilz hemmende Wirkung entfaltet, zu Facetensid und Oranex geben. Dieser Reiniger ist besonders zu empfehlen, wenn Kinder auf dem Boden spielen.

Zur Säuberung bereits von Schimmel befallener Flächen, z. B. im Keller oder unter feuchten Teppichböden, eignet sich folgender Reiniger:

Reiniger gegen Mikropilze
(für 1 l Wasser)

5 ml	Facetensid
5 ml	Oranex
5 ml	Lebermoosextrakt HT (siehe *Seite 69*) oder alkoholischer Moosextrakt, selbst gemacht (siehe *Seite 68*)
1 l	warmes Wasser

Alle Bestandteile unter Rühren im Wasser lösen und betreffende Stellen mit dem nassen Wischlappen gut abreiben und trocknen lassen. Zur Mikropilzbekämpfung eignet sich auch unser Moosspray (siehe *Seite 63*).

Hobbythek-Wischwasser gegen Ungeziefer
(für 5 l Wasser)

5 ml	Facetensid
2,5 ml	Niemöl
2,5 ml	Oranex
250 ml	wässriger Niemextrakt (siehe *Seite 65*)

Facetensid mit Niemöl und Oranex verrühren, wässrigen Niemextrakt zugeben und in einem Putzeimer mit 5 l warmem Wasser auffüllen. Dieses Wischwasser eignet sich besonders gut für alte Holzböden, deren Ritze einen idealen Lebensraum für Ungeziefer, z. B. Flohlarven, dar-stellen. Von den Larven aufgenommen, verhindern die Niemwirkstoffe weitere Häutungen der Tiere. Erwachsene Insekten werden durch Niem an der Fortpflanzung gehindert.

Wässriger Niemextrakt

12 g (2 EL)	gemahlene Niemsamen
¼ l	kaltes bis lauwarmes Wasser

Die gemahlenen Niemsamen in einem einfachen Küchengefäß mit Wasser über-gießen, gut rühren und unter weiterem häufigen Rühren mindestens 3 Stunden stehen lassen. Dann die Brühe durch ein Sieb und später durch feine Gaze oder einen alten Damenfeinstrumpf gießen. Falls immer noch feste Bestandteile in der Lö-sung vorhanden sind, noch einmal filtern.

Toilettenreiniger à la Hobbythek

500 ml	Kalweg (siehe *Seite 88*)
25 ml	Betain (siehe *Seite 87*)
2,5 ml	Citronellaöl

Kalweg mit Betain mischen und Citro-nellaöl zusetzen. Toilettenreiniger am be-sten in eine Spritzflasche füllen und un-verdünnt anwenden. Der Toilettenreiniger sollte ca. 10 Minuten einwirken, bevor die Ablagerungen mit der Bürste beseitigt werden. Kalweg ist eine 50%ige Zitro-nensäurelösung, die Verkalkungen und Harnstein besonders gut ablöst. Statt Citronellaöl kann natürlich auch ein ande-res angenehm duftendes ätherisches Öl verwendet werden.

Reinigungsmittel richtig verwahren

Auch wenn die Wasch- und Putz-mittel der Hobbythek ungiftig sind, gehören sie dennoch nicht in die Hand von Kindern. Gerade unser Oranex mit seinem frischen Geruch könnte an Limo-nade erinnern. Deshalb ist es wichtig, ge-nerell alle Putzmittel in gut verschlosse-nen Schränken für Kinder unzugänglich aufzubewahren. Um Verwechslungen zu vermeiden, sollten solche Produkte auf keinen Fall in leere Lebensmittelver-packungen umgefüllt werden. Ein Fuß-bodenreiniger in einer Limo-Flasche oder gar Waschpulver in einer alten Keksdose sind nicht nur für Kinder, sondern auch für Erwachsene eine Gefahrenquelle.

Abb. 36:
Putzmittel am besten in der Originalverpackung in einem gut verschlossenen Schrank aufbewahren.

Abb. 37:   Moose sind kleine Schönheiten, doch für den Laien nur schwer zu unterscheiden. Wer es genau wissen will, muss in botanischen Bestimmungsbüchern nachschlagen.

Natürliche Pflanzenpflege: ohne Moos nix los

Moose sind niedere Pflanzen, die vor allem feuchte und schattige Orte wie Höhlen oder Waldböden besiedeln. Die größte Formenvielfalt mit bis zu meterlangen Hängemoosen ist in den tropischen Wäldern zu finden. Die heimischen Moose unterteilt man in drei große Gruppen: Leber-, Laub- und Torfmoose. Für die meisten Moose gibt es ausschließlich wissenschaftliche und keine deutschen Namen. Nur in Ausnahmen findet man einmal eine deutsche Bezeichnung, die dann allerdings äußerst amüsant klingt, z. B. „Kleines Blasenmützenmoos". Durch ihre Lebensweise am Boden oder auf absterbenden Pflanzen wie umgefallenen Bäumen müssen Moose sich ständig gegen Bakterien, Pilze und andere

Mikroorganismen zur Wehr setzen. Da die Moospflanzen selbst sehr zart sind und weder eine schützende Wachsschicht noch eine Art Borke besitzen, helfen sie sich gegen den Angriff von Pilzen, Bakterien und anderen Mikroorganismen auf einem anderen Weg: mit chemischen Waffen. Diese Strategie funktioniert seit mehr als 350 Millionen Jahren, damals wie heute sind die unauffälligen Moose in der Natur sehr erfolgreich.

Was liegt also näher, als die Wirkstoffe der Moose zu untersuchen und auch für die Zwecke des Menschen einzusetzen? In der Volksmedizin werden Moose schon seit vielen Jahrhunderten verwendet. Die Indianer Nordamerikas nutzten die Moose zur Wundversorgung, insbesondere bei Brandwunden. Eskimos wie Indianer benutzten getrocknete Moose als Windeln. Sie polsterten damit kleine Fellsäckchen aus, in denen sie ihre Kleinkinder auf dem Rücken trugen. Das Moos saugte nicht nur wundervoll die

Flüssigkeit auf, sondern verhinderte auch, dass sich die empfindliche Babyhaut entzündete. Auch die alten Chinesen benutzten Moose in der Heilkunde, wie schon in dem chinesischen Heilpflanzenbuch „Pen Tsao Kang Mu" aus der Ming-Dynastie nachzulesen ist. Selbst vor gut 80 Jahren dienten Moose noch zur Wundversorgung: Während des Ersten Weltkrieges verwendete das kanadische Rote Kreuz Wundkompressen aus Torfmoosen. Freiwillige Helfer, meist waren es Hausfrauen, stopften Millionen von Mullsäckchen mit den Pflanzen.

Torfmoose besiedeln vor allem Moore und haben aufgrund ihres anatomischen Baus eine außerordentliche Wasserspeicherfähigkeit: Sie nehmen leicht das 25fache ihres Trockengewichts an Wasser bzw. als Wundkompresse eben Blut und Gewebeflüssigkeit auf. Durch ihre Bakterien abtötenden Wirkstoffe verhindern Moose weiterhin

Wundinfektionen. Heute werden Moose z. B. in manchen Einlegesohlen für Schuhe verwendet. Hier saugen sie den Fußschweiß auf und entwickeln darüber hinaus eine Fußpilz hemmende Wirkung.

Die Hobbythek hat sich in der Vergangenheit immer wieder auf die Suche nach ungiftigen Alternativen zu den gängigen Produkten der Industrie gemacht, und in diesem Zuge sind wir auch auf die Moose gestoßen. Im Spätherbst 1999 machten Bonner Wissenschaftler mit einer Aufsehen erregenden Entdeckung Schlagzeilen: Sie hatten herausgefunden, dass Lebermoosextrakt Pilzbefall, z. B. Mehltau, entgegen wirken und sogar vorbeugen kann. An der Bonner Universität wurden 18 heimische Moosarten an mit Pilzen infizierten Kulturpflanzen wie Tomaten, Gurken, Paprika und Weizen getestet. Besonders gut schnitten die Lebermoose ab. Bei zwei Arten zeigte sich laut Prof. Jan-Peter Frahm vom Botanischen Institut, dass sie sogar besser als käufliche Spritzmittel wirken.

Der Moosexperte ist begeistert, denn die bisher wissenschaftlich eher stiefmütterlich behandelten Moose beweisen damit eine enorme Relevanz für die ökologische Landwirtschaft. So zeigten sie eine hervorragende Wirkung gegen die Kartoffelfäule (*Alternaria solani*) und den Mehltau. Außerdem ist bekannt, dass Lebermoosextrakt auch auf viele Insekten und sogar Schnecken(!) eine abschreckende Wirkung hat.

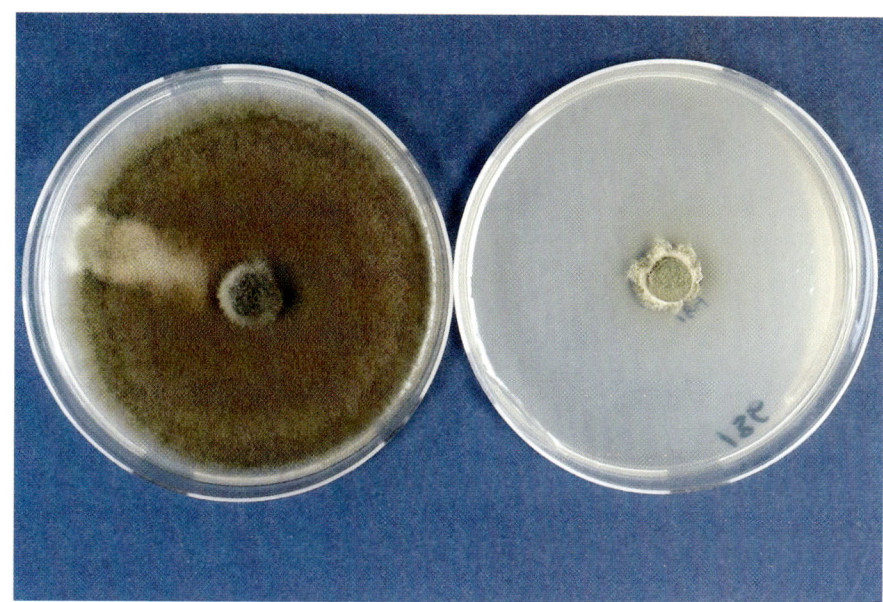

Abb. 38:   Der Plattentest beweist: Lebermoosextrakt verhindert das Wachstum des Pilzes (links: ohne Lebermoosextrakt, rechts: mit Lebermoosextrakt).

Lebermoosextrakt im Labortest

Im Labor überprüften die Forscher Lebermoosextrakt mit dem so genannten Plattentest (siehe Abbildung 38) auf seine Pilz- und Bakterien hemmenden Eigenschaften hin.

Dieser zeigt, wie sich die Vermehrung von Bakterien bzw. Pilzen durch ein Gegenmittel, in diesem Fall Lebermoosextrakt, hemmen lässt. Lebermoosextrakt wirkte gegen verschiedene Bakterien- und Pilzarten mit ganz unterschiedlichen Lebensweisen. Zu den Mikroorganismen gehören u. a. *Escherichia coli* (Darmbewohner), *Pseudomonas aeruginosa* (Erreger von Infekten), *Aspergillus niger* (Gießkannenschimmel), *Saccharomyces cerevisiae* (Bäckerhefe), *Candida albicans* (Scheiden- und Darmpilz).

Natürlich sind längst noch nicht alle Wirkstoffe aus den Moospflanzen isoliert, geschweige denn untersucht. Fest steht bisher jedoch, dass insbesondere in Lebermoosen zu den Mono-, Di- und Sequiterpenoiden zählende sekundäre

Pflanzenstoffe aktiv sind. Solche Verbindungen, die die Natur selber hergestellt hat, bauen sich unter natürlichen Bedingungen auch leicht wieder ab. Anders als bei künstlichen Pestiziden und Fungiziden entstehen hier keine Rückstände.

Der eigene Moosextrakt

Was liegt also näher, als die Wirkstoffe der Moose für die Schimmelbekämpfung, den Pflanzenschutz und sogar zur eigenen Gesundheitspflege einzusetzen? Einen Moosextrakt kann man sich ganz einfach selbst herstellen. Prinzipiell können alle Moosarten verwendet werden, eine Wirkung wird sich immer einstellen, es können lediglich Unterschiede in deren Intensität auftreten. Allerdings stehen einige Moose, z. B. alle Torfmoose, unter Naturschutz, deshalb sollten sie am besten im eigenen Garten oder bei Freunden gesammelt werden. Verwenden Sie die oberen grünen Teile, die Sie aus dem Boden herauslösen, oder schneiden Sie mit einer Schere die Moosblättchen vorsichtig ab. Einige Moospflanzen sollten für den Nachschub stehen gelassen werden. Von Hand Verunreinigungen wie Tannennadeln, Blätter und Gräser entfernen und das ungewaschene Moos frisch oder getrocknet (einfach an der Luft in einer flachen Schale oder auf Zeitungspapier stehen lassen) verwenden.

Wässriger Moosextrakt zur Blumenpflege

> 1 Volumenteil getr. Moos
> 9 Volumenteile Wasser

Moos in ein Gefäß oder in einen Eimer geben, nach Augenmaß mit der 9fachen Menge Wasser übergießen, umrühren und bedeckt einen Tag stehen lassen. Flüssigkeit durch ein Tuch oder einen alten Damenfeinstrumpf abfiltrieren – fertig. Der Moosextrakt sollte innerhalb einiger Tage verwendet werden.
Wässriger Moosextrakt eignet sich zum Spritzen und Gießen von Pflanzen auf der Fensterbank, auf dem Balkon und natürlich im Garten. Er wirkt vorbeugend, aber auch bekämpfend gegen Pilzinfektionen wie den gefürchteten Mehltau. Außerdem entfaltet er eine interessante Nebenwirkung: Da Moose noch keine echten Wurzeln besitzen, nehmen sie Nährstoffe mit Wasser über die Blattoberflächen auf. Sie entziehen dem Wasser die Nährstoffe, säuern das umgebende Wasser stattdessen mit Wasserstoff an und machen es so weich.
Deshalb können Sie mit Gießwasser aus Moosextrakt so mancher Pflanze das Leben retten, z. B. Azaleen. Azaleen gehen häufig aufgrund harten Gießwassers ein, denn Sauerhumuspflanzen wie Azaleen reagieren auf Dauer sehr empfindlich gegenüber dem im Wasser enthaltenen Kalk. Leider informiert kaum ein Gärtner beim Verkauf der Pflanze über diese Gefahr. Wenn Sie Ihre Blumen mit Moosextrakt gießen, umgehen Sie dieses Problem.

Wässriger Moosextrakt ist nur wenige Tage haltbar. Für den Vorrat und als Mittel gegen allerlei Wehwehchen empfiehlt sich deshalb alkoholischer Moosextrakt. Dieser ist noch weit effektiver als der wässrige, da Alkohol die Wirkstoffe aus den Moosen besonders gut herauslöst.

Alkoholischer Moosextrakt

> 4 g getr. Moos
> 70 ml kosmetisches Basiswasser
> 25 ml Wasser

Moosblättchen trocknen und in einem Mörser oder einfach zwischen den Händen pulverisieren. Dann Moospulver mit dem kosmetischen Basiswasser und Wasser übergießen und umrühren. Nach frühestens 3 Tagen wird der Ansatz durch einen Kaffeefilter filtriert und kann nun verwendet werden. Statt unseres kosmetischen Basiswassers könnten Sie auch Weingeist oder sogar Korn verwenden – dann jedoch das Wasser im Rezept weglassen. Dies ist jedoch teurer. Alkohol oder Weingeist werden nämlich in der Bundesrepublik besteuert, egal ob wir ihn trinken oder für andere Zwecke nutzen. Um dieser Steuer für den Kosmetik- und Haushaltsbereich zu entgehen, haben wir 95-%-Weingeist leicht parfümiert und mit dem Haut pflegenden Stoff D-Panthenol versetzt. Damit entspricht er nicht mehr den Voraussetzungen für Trinkalkohol – davon würden wir auch dringend abraten –, und die Alkoholsteuer entfällt.

Der alkoholische Moosextrakt sollte in einer Endkonzentration von 0,4 % verwendet werden, d. h. auf 1 l Wasser (genauer 996 ml) kommen 4 ml Moosextrakt. In dieser Konzentration entwickelt er seine antibakterielle und fungizide Wirkung optimal. Eine Behandlung mit Moosextrakt kann auch vorbeugend durchgeführt werden.

Der Lebermoosextrakt der Hobbythek

Uns ist bewusst, dass Zeit heutzutage oft Geld ist. Nicht jeder findet die Ruhe, um Rezepte selber zu realisieren, selbst das Kochen bleibt oft auf der Strecke. Mit unserem fertigen Lebermoosextrakt bieten wir all den Menschen, die keine Zeit oder einfach auch keine Lust zum Selbermachen haben, eine einfache Alternative. In Zusammenarbeit mit den Bonner Forschern hat ein Freiburger Unternehmen ein Lebermoos kultiviert, das nun praktisch unbegrenzt für die Herstellung von Lebermoosextrakt zur Verfügung steht.

Natürlich haben die Wissenschaftler eine Moosart ausgewählt, die in den Tests besonders gut abgeschnitten hat. Es ist *Bazzania trilobata*, ein Lebermoos, das in seiner Wirkung ein echter Spitzenreiter ist. Die Konzentration des Extraktes ist so gewählt, dass sie dem alkoholischen Moosextrakt in seiner Dosierung für die Pflanzenpflege entspricht; es werden also ebenfalls 4 ml auf 1 l Wasser verwendet.

Lebermoosextrakt gegen Haut- und Nagelpilze

Lebermoosextrakt hilft auch hervorragend gegen Haut- und Nagelpilze. Dazu alkoholischen Lebermoosextrakt ein- bis zweimal täglich auf die betroffene Hautstelle bzw. die Nägel tupfen. Zur Behandlung von Fußpilz eignen sich auch Fußbäder. Dazu auf 5 l warmes Wasser 20 ml alkoholischen Lebermoosextrakt geben. Füße ca. 10 Minuten in das Moosbad stellen, danach gut abtrocknen. Oder laufen Sie doch einfach mal im Sommer barfuß über ein feuchte vermooste Wiese.

Niem – das Pflanzen- und Ungezieferschutzmittel der Hobbythek

Die Wirkstoffe des tropischen Niembaums sind ein hervorragendes Mittel für den Pflanzenschutz und zur Ungezieferbekämpfung. Sowohl die Samen, das Öl daraus und der Pressrückstand der Samen (Presskuchen) als auch die Blätter enthalten eine Reihe von Wirkstoffen, die u. a. auf das Hormonsystem von Schadinsekten einwirkt. Dadurch werden bereits die Larven an der zu ihrer Weiterentwicklung notwendigen Häutung gehindert. Als „ewige Jugendliche" stecken sie in ihrem nun zu engen Chitinpanzer fest und gehen ein. Erwachsene Schadinsekten werden durch Niem bei der Fortpflanzung gestört, sodass der Schädlings-

befall begrenzt wird; außerdem schreckt der Geruch des Niems Schädlinge ab. Ein so genannter „Knock-down-Effekt" (Schädlinge und Nützlinge werden getötet) wie bei chemischen Pestiziden tritt dagegen bei Niem nicht auf.

Niem ist für die Gesundheit völlig unbedenklich und wird in den Tropen als „Hausapotheke" genutzt. In unseren Büchern „Hobbythek – Garten und Balkon" und „Wunderbaum Niem" sind wir sehr ausführlich auf dieses Thema eingegangen.

David gegen Goliath – Probleme mit dem Pflanzenschutzgesetz

Nachdem bekannt geworden ist, welche Gefahren von chemischen Pestiziden und Unkrautvernichtungsmitteln ausgehen können, hat man sich in Deutschland auf ein sehr strenges Pflanzenschutzgesetz geeinigt. Jeder Wirkstoff eines Pflanzenschutzmittels muss in seiner Wirkung und in seiner vorhandenen Konzentration genau angegeben werden. Solche Forderungen lassen sich bei einem chemischen Mittel relativ leicht erfüllen, bei einem Naturprodukt wie Niem sind diese Angaben jedoch kaum zu machen. Je nach Standort, Witterungslage und Klima schwankt die Zusammensetzung der Wirkstoffe in der Pflanze. Darüber hinaus sind bisher längst nicht einmal alle Niemwirkstoffe bekannt. Deshalb können Niemrohstoffe nach dem Pflanzenschutzmittelgesetz nicht zugelassen werden.

Abb. 39:   Der Niembaum Azadirachta indica gilt in seiner Heimat Burma und Indien als Hausapotheke.

Dies kann nicht im Sinn von Ökologie und Umweltschutz sein. Wir empfehlen Niem natürlich weiterhin für den Pflanzen- und Ungezieferbereich, müssen aber an dieser Stelle darauf hinweisen, dass auf den Verpackungen diese Nutzung nicht aufgeführt werden darf. In vielen unserer Bücher und natürlich auch in diesem finden Sie die Rezepte, deren Aufdruck auf der Verpackung nun verboten ist.

Niemölfluid HT – ein neuer, edler Rohstoff

Niemöl ist etwas zäh und wird erst bei ca. 23 °C flüssig. Um die Verarbeitung von Niemöl zu erleichtern, haben wir zusätzlich ein Niemölfluid initiiert. Dieses bleibt auch bei weniger als 23 °C flüssig, da hier das Niemöl in Wasser „gelöst" ist. Nun ist dies eigentlich nur in einer Emulsion möglich, bei der ein Emulgator, das ist ein Brückenmolekül, dafür sorgt, dass sich das Öl gleichmäßig im Wasser verteilt. Bei einem Fluid sind die Öltröpfchen dagegen in eine Haut aus winzigen Lecithin- – also Fetteiweißmolekülen – verpackt. Unser Niemölfluid enthält sozusagen Millionen von Kleinstkapseln aus einer Eiweißhülle mit einem Tröpfchen Niemöl darin. Die Lecithinkügelchen sind viel kleiner als die verhältnismäßig großen Öltropfen in einer Emulsion und dringen bei kosmetischer Verwendung besser in die Haut ein. Wir hatten in der Vergangenheit bereits mehrfach erfolgreich auf dieses Fluid-Prinzip gesetzt, wie etwa bei unserem Weizenkeimölfluid HT und unserem Vitamin-A-Fluid HT.

Diese gesetzliche Regelung hat die Pflanzenschutzmittelindustrie jetzt veranlasst, den Kampf gegen den Naturstoff Niem aufzunehmen. Der aktuelle Grund liegt darin, dass ein hochindustrielles, standardisiertes Produkt auf der Basis eines isolierten Wirkstoffs des Niembaums, nämlich Azadirachtin, für den Pflanzenschutz zugelassen wurde. Nun kann auch die Pflanzenschutzmittelindustrie mit dem Niembaum werben und möchte sich die lästige Konkurrenz durch die natürlichen Niemrohstoffe vom Hals halten. Leider sind die Ämter darauf eingegangen, sodass Niem bereits jetzt weder als Pflanzenschutz- noch als Pflanzenpflegemittel verkauft werden darf. Lediglich für die kosmetische Anwendung ist der Verkauf noch gestattet, da Niem dafür bei uns zugelassen ist.

Niemölfluid enthält 20 % Niemöl in Wasser. Es lässt sich hervorragend mit Wasser oder Alkohol mischen, ist aber aufgrund der aufwändigen Herstellung teurer als normales Niemöl.

Schneller Pflanzenschutz mit Niemölfluid

Niemölfluid bietet eine praktische Alternative zu dem von uns vorgestellten wässrigen Niemextrakt, der jeweils frisch aus den gemahlenen Niemsamen hergestellt werden muss.

5 ml Niemölfluid
1 l Wasser

Niemölfluid und Wasser in eine Blumendusche füllen, gut schütteln und Pflanzen einsprühen. Diese Mischung kann vorbeugend, aber auch zur Bekämpfung von Blattläusen und anderen Pflanzenparasiten dienen.

Das Fluid benetzt besonders gut die Oberfläche der Blätter und des Ungeziefers. Diese Behandlung ist für die Pflanze weitaus schonender als die Verwendung einer Niemölemulsion. Die Pflanzen sollten erst gegen Abend gespritzt werden, weil dann die Sonne, die das Mittel schnell verdunsten lässt, nicht mehr scheint.

Dieses Pflanzenschutzmittel kann maximal 7 – 10 Tage lang aufbewahrt werden.

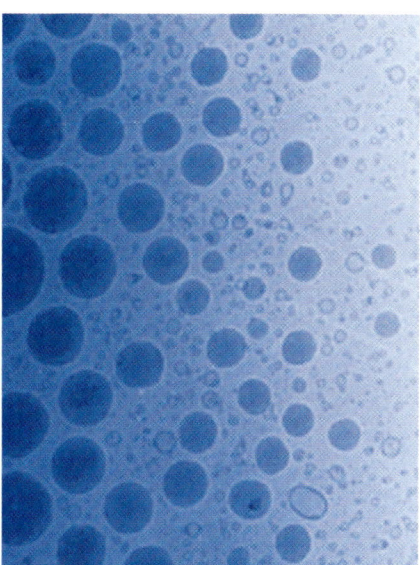

Abb. 40:   In einer Emulsion wird Öl mithilfe eines Emulgators, eines Brückenmoleküls, in Wasser gelöst (links). Bei einem Fluid sind die Öltröpfchen dagegen in eine Haut aus winzigen Lecithinmolekülen verpackt (rechts).

Vorratsschädlinge essen mit – die Invasion der „Müslimotte"

„Schön wenn Gäste kommen – besser wenn sie vorbeigehen" heißt es in einer wohl nicht ganz ernst gemeinten Weisheit aus Finnland. Doch auf eine Art von „Gästen" trifft dieser Spruch mit Sicherheit zu, nämlich auf Ungeziefer. Vorratsschädlinge wie Motten und Käfer, aber auch die lästigen Mücken und Fliegen machen uns das Leben schwer. Sie lassen sich ungeladen an unserem Tisch nieder und verderben dabei die Speisen, indem sie Exkremente, Spinnfäden und manchmal sogar gefährliche Krankheitskeime hinterlassen. Andere wiederum ernähren sich von unserem Blut, z. B. die immer durstigen Mückenweibchen, oder verursachen Allergien wie die eigentlich harmlosen Hausstaubmilben. Hier einige Tipps und Rezepte, um die ungebetenen Gäste schnell wieder los zu werden, sowie vorbeugende Maßnahmen, damit es gar nicht so weit kommt.

Noch vor gut 20 Jahren waren Vorratsschädlinge, insbesondere die Lebensmittelmotten, in Privathaushalten weitgehend in Vergessenheit geraten. Auf den Feldern wurde Getreide und Gemüse kräftig mit Pestiziden eingenebelt, und auch die weiterverarbeitende Industrie wie etwa die großen Getreidemühlen, Schokoladenhersteller usw.

waren, was den Einsatz von Chemikalien anging, wenig zimperlich. Zwar zeigten die Endprodukte beim Verbraucher unter Umständen giftige Rückstände; Ungeziefer war indes nicht vorhanden.

Doch die Zeiten haben sich geändert. Viele Menschen kaufen unbehandelte und naturnahe Lebensmittel in Bioläden. Die Lebensmittelmotte und andere Plagegeister sind quasi der Preis für die naturbelassenen Waren. Dies haben viele Verbraucher bereits erkannt und speziell die Lebensmittelmotten scherzhaft auf den Namen „Müslimotte" getauft. Vorratsschädlinge sind für den Menschen keineswegs giftig. Wer aus Versehen eine Larve verschluckt oder einen Käfer im Mund knackt, der mag sich zu Recht ekeln, seiner Gesundheit schadet er damit jedoch nicht. Vorratsschädlinge erreichen uns aber nicht nur über Bioprodukte, sondern auch über Kleintierfutter, das offenbar kaum auf Schmarotzerbefall hin kontrolliert wird.

Wer die gefräßigen Zeitgenossen von seinen Lebensmitteln fernhalten will, muss ihnen den Weg dorthin verwehren. Doch das ist leichter gesagt als getan. Die frisch geschlüpften Larven der Vorratsmotten dringen nämlich in nahezu alle Lebensmittel ein. Während einige Experten annehmen, dass sich die kleinen Geschöpfe dabei durch winzige Löcher quetschen, vermuten andere, dass sich die Larven mit ihren scharfen Mundwerkzeugen regelrecht durch die Verpackung fressen. Doch egal auf welche Art sie das schaffen, gegen luftdicht abschließende Gefäße sind auch sie macht-

Abb. 41:   Wenn Lebensmittel so aufbewahrt werden, haben Vorratsschädlinge keinen Zutritt.

los. Deshalb sollten alle gefährdeten Lebensmittel wie Mehl, Nudeln, Nüsse, Brot usw. in Einmachgläser mit Gummiring oder in fest schließende Blechdosen oder Plastikgefäße gefüllt werden. Diese schützen die Lebensmittel und sorgen im umgekehrten Fall dafür, dass Larven, die schon beim Hersteller in ein Produkt geraten sind, dem Behältnis nicht entkommen und so zumindest keine weiteren Lebensmittel befallen können.

So schwer es oft fällt: Wenn Lebensmittel von Vorratsschädlingen befallen sind, sollten sie weggeworfen werden, um eine Ausbreitung der Schädlinge zu verhindern. Dabei müssen Sie allerdings einiges beachten, denn Motten und Käfer finden aus dem Küchenabfall sehr schnell wieder den Weg zum Küchenschrank. Auch die Brut der Schmarotzer kann in der Mülltonne und insbesondere in der Biotonne noch eine ganze Weile überleben.

Aus diesem Grund empfiehlt es sich, die befallenen Lebensmittel im Backofen bei 60 – 80 °C ca. 1 Stunde zu behandeln, erst dann sollten sie in den Abfall wandern.

Die optimale Zeit für Schmarotzer aller Art ist der Sommer. Sinken die Temperaturen zu stark ab, erfrieren die Tiere. Diesen Umstand können wir uns zunutze machen, indem wir verdächtige Lebensmittel einfach in der Tiefkühltruhe oder im Gefrierfach 1 Tag bei mindestens -18 °C tieffrieren. Dabei werden Larven und erwachsene Insekten mit Sicherheit abgetötet; vermutlich sterben auch sämtliche Eier der Brut ab. Übrigens eig-

net sich dieses Verfahren nicht nur bei Vorratsschädlingen. Auch Kleidermotten können auf diese Weise wirksam bekämpft werden (siehe *Seite 75*).

Vorratsmotten – Eroberer der Küche

Man schätzt, dass inzwischen jeder fünfte Haushalt von Lebensmittelmotten befallen ist. Der wohl häufigste Vertreter ist die Dörrobstmotte, deren Larven keineswegs nur in Dörrobst anzutreffen sind. Fast genauso häufig vertreten ist die Mehlmotte, die in ihrem Äuße-

ren der Dörrobstmotte recht ähnlich ist. Außerdem gibt es noch die Korn- und Getreidemotte, den Mehlzünsler und die Speichermotte, die den Weg vom Speicher in die Wohnstube aber ohne Probleme bewältigt.

Die Mottenweibchen legen zunächst ihre winzigen Eier ab, die mit bloßem Auge kaum zu erkennen sind. Daraus schlüpfen die Larven, die nun zielsicher in stärkehaltige Lebensmittel wie Mehl, Nudeln, Reis, aber auch Schokolade oder Dörrobst vordringen. Die ausgewachsene Larve ist ca. 1 – 2 cm lang und sieht recht unappetitlich aus. Je nach Temperatur können die Raupen schon einen Monat nach dem

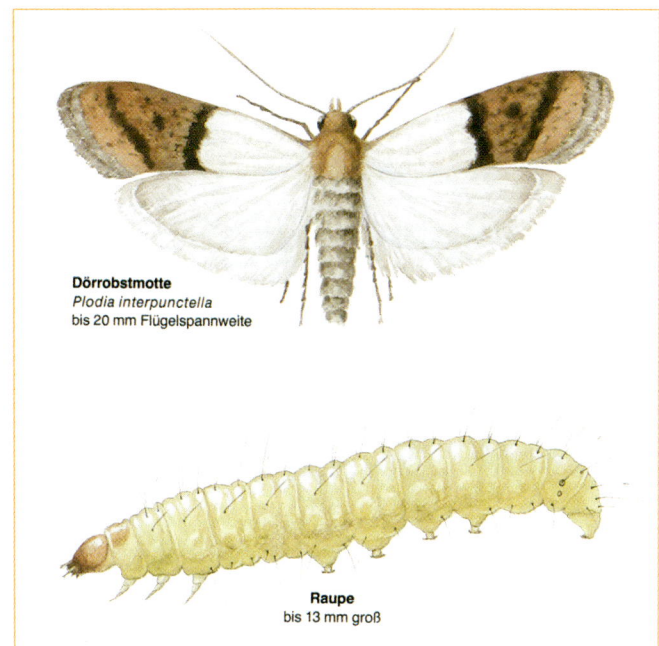

Dörrobstmotte
Plodia interpunctella
bis 20 mm Flügelspannweite

Raupe
bis 13 mm groß

Mehlmotte
Ephestia kuehniella
bis 22 mm Flügelspannweite

Raupe
bis 20 mm groß

Abb. 42 a+b: Die Dörrobstmotte (Plodia interpunctella) und die Mehlmotte (Ephestia kuehniella) mit Larven.

Schlupf mit dem Verpuppen beginnen. Dazu spinnen sie besondere Fäden, die oft das erste Anzeichen für den Mottenbefall in Lebensmitteln sind. Wer Getreideprodukte, Dörrobst, Nüsse usw. kauft, sollte diese Ware auf die verräterischen Spinnfäden hin untersuchen. Das geht am einfachsten, wenn die fraglichen Produkte in einer durchsichtigen Verpackung angeboten werden.

Hinter Leisten, unter dem Auslegepapier des Küchenschranks und an anderen geschützten Orten verpuppen sich die Larven. Sie spinnen sich dazu komplett ein. Die Puppe ist ein kleiner steifer Kokon, der wie eine winzige Mumie aussieht. Wer solche Puppen entdeckt, sollte sie schnell zerdrücken, da andernfalls nach 2 – 3 Wochen die Motte schlüpft. Der einzige Lebensinhalt der erwachsenen Motten ist die Fortpflanzung. Aus diesem Grund lassen sich gerade Mottenmännchen leicht in die Falle locken: mit besonderen Sexualpheromonen, den Lockstoffen der weiblichen Tiere.

Diese Pheromone werden von einer Drüse am Hinterleib der Weibchen ausgeschieden, sind für uns jedoch nicht wahrnehmbar. Die Mottenmännchen orten die Pheromone mit ihren Antennen schon aus kilometerweiter Entfernung und fliegen zur Duftquelle. Ist die Quelle des lockenden Dufts eine Mottenfalle,

Abb. 43: Platzieren Sie die Mottenfalle auf den Küchenschrank oder an eine andere Stelle in der Nähe von Lebensmitteln.

bleiben sie an einer klebrigen Leimschicht hängen. Solche Pheromonfallen werden in unterschiedlichen Formen im Spezialhandel angeboten.

Die eigene Pheromonfalle

Wer seine Pheromonfalle selber baut, kann mit bunten Kartons, alten Gläsern oder Vasen sogar sein künstlerisches Talent unter Beweis stellen. In den durchlöcherten Karton, das Glas oder die Vase kommt eine Pappscheibe, die mit einem nicht trocknenden Leim bestrichen ist; im Fachhandel ist u. a. unter der Bezeichnung „Insektenleim" ein geeigneter Spezialleim zu finden. Auf die Mitte der Klebefläche wird nun mit einer Pinzette das

Pheromonplättchen, das ebenfalls fertig erhältlich ist, aufgebracht. Leider sind insbesondere diese Pheromonplättchen recht teuer, sodass die Anschaffung einer Fertigfalle oft günstiger ist – aber natürlich längst nicht so schön anzusehen. Der meist lose Leimstreifen inklusive dem Pheromon einer Fertigfalle kann in eine selbst gebaute, viel dekorativere Mottenfalle gelegt werden. Die fertige Falle sollte auf dem Küchenschrank oder an einer anderen Stelle in der Nähe der Lebensmittelvorräte platziert werden.

Schlupfwespen – Nützlinge im Küchenschrank

Solche Pheromonfallen bekämpfen jedoch lediglich die Faltermännchen. Um das Übel an der Wurzel zu packen, müssen auch die Eier der Motten vernichtet werden. Das kann sehr elegant über natürliche Feinde der Motten geschehen: Schlupfwespen, wissenschaftlich *Trichogramma evanescens,* die – trotz ihres Namens – den Menschen nicht stechen können; stattdessen legen sie mit einer Art Bohrer ihre Eier in die Eier der Motten ab. Anstelle des Schädlings schlüpft ein Nützling. Die weiblichen Schlupfwespen spüren auch das letzte Ei auf, da sie die Flügelschuppen, die die Mottenweibchen bei der Eiablage abstreifen, wittern können. Wenn sie keine Eier mehr finden, verschwinden sie von alleine.

Da die Schlupfwespen so klein wie Krümel sind, ist ihr Einsatz keineswegs unappetitlich. Schlupfwespen sind über ein Gutscheinsystem im Fachhhandel oder die im *Bezugsquellenverzeichnis* auf-

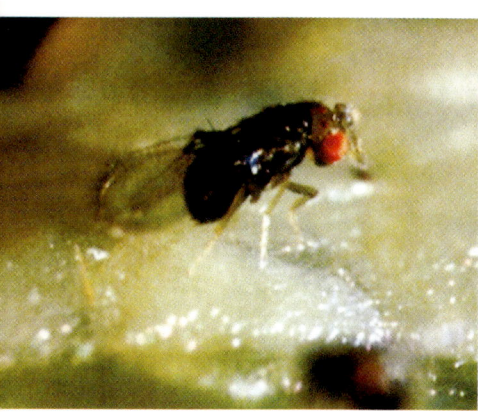

Abb. 44: Schlupfwespen sind ein natürlicher Feind der Lebensmittel- und Kleidermotten, mit denen man die Schädlinge auf elegante Weise bekämpfen kann.

geführten Läden erhältlich. Die Eier befinden sich auf kleinen Kärtchen, die in den Küchenschrank in die Nähe der Vorräte gestellt werden, nach einiger Zeit schlüpfen die Nützlinge. Für eine sichere und umfassende Bekämpfung empfehlen die Experten vier Einsätze im zeitlichen Abstand von jeweils zwei Wochen. Unterstützen kann man die fleißigen Insekten mit einem Tropfen Honig auf einem kleinen Teller; dieser dient als Nahrung. Im Prinzip wirken die Schlupfwespen auch gegen Kleidermotten. Da sie jedoch die Eier von Speisemotten bevorzugen, arbeiten sie im Kleiderschrank nicht so gründlich.

Kleidermotten richten enormen Schaden an, denn sie können Kleidungsstücke praktisch vernichten. Wieder sind die Larven die eigentlichen Übeltäter. Sie haben sich auf Wollfäden spezialisiert und fressen sich mit wahrem Hochgenuss durch Wollstoffe, Wollteppiche und andere Woll- und Wollmischtextilien. Früher verwendete man zur Bekämpfung Mottenkugeln, die das Gift Naphthalin enthielten, doch es geht auch anders. Im Prinzip können Kleidermotten mit den gleichen Methoden bekämpft werden wie Vorratsmotten. Auch hier gibt es einen speziellen Lockstoff für die männlichen Mottenfalter, sodass ebenfalls Pheromonfallen gebaut oder fertig gekauft werden können.

Bei Kleidungsstücken empfiehlt sich, wie bereits erwähnt (siehe *Seite 73*), auch das Tieffrieren. Große Teppiche, die ja nicht in die Tiefkühltruhe passen, können in eisigen Winternächten, in denen das Quecksilber auf bis zu -20 °C sinkt, ruhig einmal auf dem Balkon oder auf der Terrasse „übernachten".

Mit Niem gegen Mottenlarven

Eine weitere Möglichkeit, die Kleidermotte wirkungsvoll zu bekämpfen, besteht darin, die betroffenen Kleidungsstücke mit wässrigem Niemextrakt (siehe *Seite 65*) zu behandeln. Dieser wird mit einem Zerstäuber gründlich auf die Kleidung gesprüht. Lassen Sie die Niemlösung eintrocknen und wiederholen Sie den Vorgang mindestens zweimal im Abstand von einer Woche. Die gefräßige Larve der Kleidermotte nimmt mit den Wollfasern gleichzeitig auch die Niemwirkstoffe auf und geht ein. Insbesondere teure Teppiche und Mäntel lassen sich so vor dem Zerfall retten. Helle Kleidung kann bei dieser Behandlung leicht Flecken bekommen, die aber in der Regel bei der nächsten Wäsche wieder verschwinden.

Abschreckende Düfte

Es gibt Gerüche, die Motten, aber auch anderem Ungeziefer wie Katzenflöhen oder Mücken außerordentlich unangenehm sind. Dazu gehören verschiedene ätherische Düfte, z. B. Zedernholz-, Zirbelkiefer-, Citronella-, Palmarosa- oder Lavendelöl. Diese Öle haben zudem die angenehme Eigenschaft, dass sie für uns gut riechen. Unsere Duftsäckchen sollten überall dort deponiert werden, wo ein Ungezieferbefall drohen könnte, z. B. im Kleiderschrank. Sie wirken allerdings nur vorbeugend, haben sich bereits Schädlinge eingenistet, werden ergänzende Maßnahmen notwendig. Außerdem ist zu berücksichtigen, dass in letzter Zeit vermehrt Allergien durch Parfüms und ätherische Öle beim Menschen auftreten. Bevor Sie also zur „Duftwaffe" greifen, vergewissern Sie sich bitte, dass in Ihrem Haushalt niemand allergisch auf diese Gerüche reagiert.

Ungeziefersäckchen „Motte"

50 g	getr. Lavendelblüten
20 Tr.	Lavendelöl
10 Tr.	Zedernholzöl
10 Tr.	Citronellaöl

Die Lavendelblüten mit den ätherischen Ölen beträufeln und in ein Baumwollbeutelchen füllen oder auf ein großes Stofftaschentuch geben und dieses zubinden. Falls Ihnen der Beutelinhalt zu feucht erscheint, können Sie weitere Blüten zum Aufsaugen der ätherischen Öle hinzugeben.

Vorratskäfer – hungrige „Mäuler" auf sechs Beinen

Auch unter den Käfern gibt es viele Vorratsschädlinge. Da ist z. B. der Speckkäfer, der sich von Fleisch, Fellen und Häuten, aber auch Schokolade ernährt. Es gibt eine Reihe weiterer Käfer, von denen bereits die Namen ihre jeweiligen Vorlieben andeuten: Mehl-, Korn-, Brot- oder Speisebohnenkäfer. Anders als bei den Motten sind es hier nicht nur die Larven, sondern auch die erwachsenen Insekten, die den Schaden anrichten und unsere Nahrungsmittel verzehren.

Da Larven und ausgewachsene Käfer zum Teil recht klein sind – der winzige Brotkäfer misst gerade mal 2 – 3 mm –, sollte in jedem Fall nach verräterischen Fraßspuren in Nahrungsvorräten Ausschau gehalten werden. Diese äußern sich z. B. in charakteristischen Löchern oder ausgeprägten Beschädigungen der Körner, in übermäßig vielen Krümeln am Boden des Gefäßes oder der Tüte. Schutz vor den gefräßigen Sechsbeinern bieten natürlich wiederum luftdicht schließende Gefäße (siehe *Seite 72*). Außerdem gibt es ein effektives und völlig ungiftiges Pulver, um Käfer „unterwegs" im Küchenschrank zu erwischen.

Kieselgur – die mechanische Strategie

Kieselgur ist ein weißer oder rosafarbener feiner Staub natürlichen Ursprungs. Kieselgure sind mikroskopisch kleine Fossilien von Kieselalgen (Diatomeen), die vor 20 – 100 Millionen Jahren Süßwasserseen oder stille Meeresbuchten bevölkerten. Zum Aufbau ihrer zum Teil bizarr geformten Panzer benötigten sie im Wasser gelöstes Silicium-Oxid, das vulkanischen Ursprungs war. Nachdem die Siliciumvorräte erschöpft waren, starben die Kieselalgen und lagerten sich in Schichten auf dem Meeresgrund ab. Diese Ablagerungen sind nichts anderes als Kieselgur, das mittlerweile vielfältig verwendet wird. So dienen Kieselgure beispielsweise in der Lebensmittelindustrie als Fließmittel. Dies zeigt, dass Kieselgur auch bei innerer Anwendung für den Menschen und andere Säugetiere völlig harmlos ist. Für ein Insekt wird der feine Staub jedoch zur tödlichen Gefahr. Die scharfen Kanten der einzelnen Staubpartikel, die auf unserer Haut lediglich einen stumpf-trockenen

Eindruck hinterlassen, kratzen den feinen Lipidfilm an der Oberfläche der Insektenpanzer auf. Durch diese „undichten" Stellen entweicht das für die Tiere lebenswichtige Wasser; das Insekt vertrocknet. Im Kampf gegen die gefräßigen Käfer sollten Sie dieses Pulver in sämtliche Ritzen, Ecken und Fugen des Küchenbodens streuen. Da das Pulver völlig ungiftig ist, kann man es auch direkt im Küchenschrank oder im Küchenregal ausbringen. Damit wird die Ausbreitung der Schmarotzer verhindert, nach einiger Zeit ist der „Käferspuk" zu Ende.

La Cucaracha – Kakerlaken auf dem Vormarsch

Schaben sind auf der ganzen Welt heimisch und erfolgreich. Es gibt wohl kaum ein Restaurant oder eine Großküche, in der diese ungebetenen Gäste nicht hausen. Schaben sind im strengen Sinn keine Vorratsschädlinge, da sie sich hauptsächlich von auf den Boden gefallenen Nahrungskrümeln ernähren. Sie sind jedoch als potenzielle Krankheitsüberträger gefürchtet. Während die Insekten tagsüber in ihren Verstecken für uns unsichtbar sind, begeben sie sich nachts auf Nahrungssuche. Wird das Licht überraschend eingeschaltet, so sieht man sie flüchten. Leider ist die Bekämpfung der Kakerlaken außerordentlich schwierig, und selbst das

Pentagon soll vor diesen „inneren" Feinden kapituliert haben.

Der Erfolg der Schaben steckt in ihrer Lebensweise: Sie passen in die engsten Ritzen, die für jeden ihrer Feinde unzugänglich sind. Ihre Eier legen sie zudem in sehr widerstandsfähigen Eipaketen ab, die das Weibchen eine ganze Zeit mit sich herumträgt. Daraus schlüpft die neue Schabengeneration, die schon als Jungtiere den Erwachsenen sehr ähnlich sehen. Nach mehreren Häutungen sind auch sie voll entwickelt.

Schaben gibt es in unterschiedlichen Größen. Die Deutsche Schabe ist nur 1 – 1,5 cm groß, ihr amerikanischer Bruder misst dagegen fast 4 cm. Da die Schaben in ihren Verstecken kaum erreicht werden können, empfiehlt es sich, sie über Köder anzulocken.

Verlockende Versuchungen für Schaben

Ein idealer und für uns völlig ungiftiger Köder ist Backpulver. Dieses entwickelt im Körper der Insekten beim Verdauen so viel Gas, dass sie praktisch durch ihre „Blähungen" zum Platzen gebracht werden. Da die Tiere aber von sich aus kein Backpulver fressen, muss man es für sie attraktiv machen. Im Institut für Angewandte Zoologie der Universität Bonn, das heute Institut für Evolutionsbiologie und Ökologie heißt, haben wir an in Käfigen gehaltenen Schaben und Ameisen (siehe *Seite 78*) verschiedene Ködermischungen getestet. Obwohl nur wenige Insekten noch vor unseren Augen an den Ködern naschten, waren am nächsten

Tag alle Tiere tot. Im Schutz der Dunkelheit hatten sie den Ködern wohl nicht widerstehen können.

Ködermischung Apfel

1 Teil Backpulver
1 Teil Apfelsüße HT

Zutaten gut vermischen und in der Nähe des vermuteten Schabenverstecks ausbringen. Pro Köder empfehlen sich 4 g Ködermasse, also 2 g Backpulver vermischt mit 2 g Apfelsüße. Apfelsüße HT ist eine hellgelbe, sirupartige Flüssigkeit, die aus Äpfeln gewonnen wird und neben Wasser die natürlichen, apfeleigenen Zuckerarten wie Frucht- und Traubenzucker enthält (siehe *Seite 87*).

Ködermischung Rübenkraut

1 Teil Backpulver
1 Teil Rübenkraut

Zutaten vermischen und wie unter „Ködermischung Apfel" beschrieben verwenden.

Ködermischung Frusip's

1 Teil Backpulver
1 Teil Frusip's Himbeere

Zutaten vermischen und wie unter „Ködermischung Apfel" beschrieben verwenden. Statt Frusip's Himbeere (siehe *Seite 87*) sind auch andere Frusip's-Sorten wie Kirsche, Erdbeere, schwarze Johannisbeere, Aronia usw. geeignet.

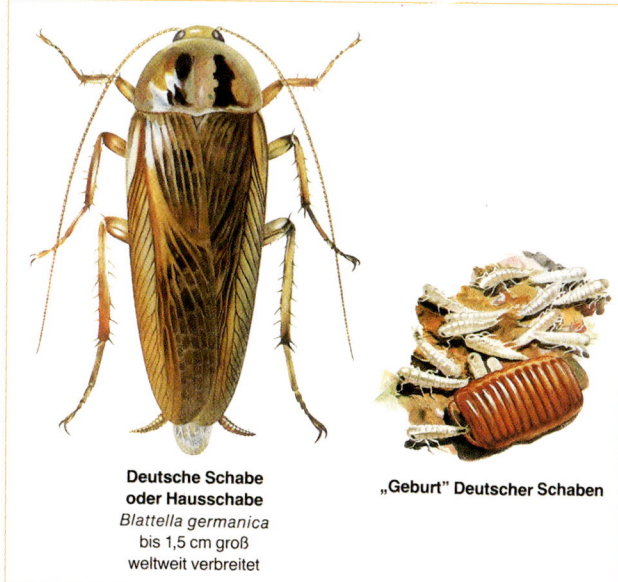

Deutsche Schabe oder Hausschabe
Blattella germanica
bis 1,5 cm groß
weltweit verbreitet

„Geburt" Deutscher Schaben

*Abb. 45:
Schaben legen ihre Eier in sehr widerstandsfähigen Eipaketen ab. Die geschlüpften Jungtiere sehen den Erwachsenen bereits ähnlich.*

Die Wirkung dieser Köder kann mit Borax noch verstärkt werden. Da Borax jedoch schwach giftig ist, sollte der Köder dann nicht offen ausgelegt, sondern in einer Köderdose platziert werden. Dazu eignet sich eine kleine Blechdose, z. B. eine leere, saubere Schuhcremedose, oder ein gut schließendes Plastikgefäß, in die mit einem Taschenmesser seitlich flache Eingangsschlitze geschnitten werden. Die Köderdose wird genauso platziert wie die losen Köder. Achten Sie darauf, dass Kinder und Haustiere sich nicht unbeobachtet in der Nähe der Köderdose aufhalten.

Borax-Köder

> 1 Teil Backpulver
> 1 Teil Borax
> 1 Teil Apfelsüße oder Rübenkraut
>   oder Frusip's Himbeere

Zutaten vermischen und in einer Köderdose auslegen.

Ameisen – ständig unterwegs

Zwar sind Ameisen kein Ungeziefer, sondern durchaus nützliche Insekten, dennoch wollen wir sie nicht in der eigenen Wohnung beherbergen. Durch die Terrassen- oder Balkontür suchen sich die Tiere den Weg in unser Reich, vorausgesetzt sie haben hier eine attraktive Futterquelle entdeckt, z. B. Essensreste, die, von uns

unbemerkt, hinter den Schrank oder in eine andere unzugängliche Ecke gefallen sind. Aber auch Tierfutter, das vom Hund oder von der Katze stehen gelassen wurde, ist für die Ameisen eine deutliche Einladung. Solche verlockenden Angebote sollten natürlich vermieden werden, doch manchmal kommt dieser Ratschlag eben zu spät – eine Ameisenstraße mit regem Betrieb führt dann in unser Haus.

Niem verwirrt Ameisen

Eine wirksame Strategie gegen Ameisen besteht darin, ihren Geruchssinn, der übrigens in ihren Antennen steckt, zu stören. Dazu eignet sich besonders gut Niemöl, das nicht nur die Orientierungsdüfte dieser Insekten überlagert, sondern diese auch mit seinem säuerlichen Geruch abschreckt. Das Niemöl wird unverdünnt mit einem breiten Pinsel ca. 5 – 10 cm breit entlang und auf der Trasse, die die Ameisen benutzen, ausgestrichen. Meist reicht dies im Bereich der Außentüren bzw. auf dem Balkon oder der Terrasse schon für einen Erfolg aus, aber auch in der Wohnung lässt sich das ungiftige Niemöl verwenden. Eventuell muss es zuvor leicht erwärmt werden, da das bräunlich-gelbe Fett erst bei ca. 23 °C schmilzt. Um den Geruch für uns angenehmer zu machen, können dem Niemöl pro 10 ml ca. 10 Tropfen Lavendelöl zugesetzt werden. Es empfiehlt sich, das Auspinseln nach spätestens 10 Tagen zu wiederholen, denn die Abschreckungswirkung nimmt mit der Zeit ab.

Wenn dies alleine nicht ausreicht, können zusätzlich Ameisenköder verwendet werden. Diese werden in kleinen Portionen (ca. ½ – 1 TL) entlang der Ameisenstraße oder direkt an der Futterquelle platziert. Hier eignen sich die gleichen Köder auf der Basis von Backpulver, die wir auch zur Schabenbekämpfung empfohlen haben (siehe *Seite 77*). Wenn die Ameisen den Köder aufnehmen, sterben sie binnen kurzer Zeit an der Gasentwicklung durch das Backpulver.

Horch, was kommt von draußen rein – die „gemeine" Stubenfliege

Für die meisten von uns ist sie lediglich lästig, doch so harmlos, wie es auf den ersten Blick scheint, ist dieses schwarze Insekt nicht. Egal ob es sich um die kleine, die gemeine oder die Schmeißfliege handelt, an ihren Füßen kleben Bakterien und Krankheitskeime, die sie von ihrem letzten Ausflugsziel (Kothaufen, Erbrochenes, Abfälle usw.) mitbringt. Diese verteilt sie nun beim Herumlaufen auf unseren Lebensmitteln. Außerdem bedient sie sich reichlich von unseren Mahlzeiten und hat die unappetitliche Angewohnheit, ihre Bissen zuvor einzuspeicheln. Dabei erbricht sie auch das zuvor Aufgenommene. Aus all diesen Gründen sollten wir die „lästigen" Fliegen von unserem Haushalt fern halten. Der beste Schutz besteht darin, die Fenster

*Abb. 46:
Aufgrund ihrer
Vorliebe für Süßes
lassen sich Fliegen
mit unserem
Fliegenlocker leicht
in die Falle locken.*

Bei den Mücken sind es ausschließlich die Weibchen, die uns stechen, Mückenmännchen sind dazu nicht in der Lage. Die Weibchen benötigen das Blut für ihre Eiablage, denn über diesen Weg verschaffen sie sich die nötigen Eiweiße für die Eiproduktion. Manche Mückenarten legen ihre Eier einfach in den feuchten Boden, andere benötigen einen kleinen Tümpel, eine Pfütze, eine Wagenspur, in der sich Wasser gesammelt hat, oder ein Regenfass. Da manche Mücken regelrechte Eischiffchen bauen, können wir die „heranwachsende Gefahr" zum Teil schon an der Wasseroberfläche dahindümpeln sehen.

In den Eiern entwickeln sich in dieser Zeit die Mückenlarven, die wie winzige Würmer aussehen. Sie schwimmen an der Wasseroberfläche, da sie durch ein kleines Rohr Luftsauerstoff atmen müssen. Diese Larven stechen natürlich noch nicht, sondern leben von Plankton und anderen Nährstoffpartikelchen im Wasser. Nach dem Verpuppen schlüpfen dann die erwachsenen Mücken oder Schnaken. In Deutschland gibt es 46 verschiedene Arten, die sich in Größe und Aussehen unterscheiden.

mit Fliegengitter zu verschließen. Außerdem mögen Fliegen sehr gerne Süßes und lassen sich aufgrund dieser Vorliebe hier leicht in die Falle locken:

Fliegenlocker

   10 g Zucker
   1 TL Frusip's Kirsche

Zucker und Frusip's (siehe *Seite 87*) vermischen. Sollte sich der Zucker nicht komplett auflösen, die Masse im Topf vorsichtig erwärmen. Diese kann nun in eine Fliegenfalle gefüllt werden. Hierzu eignet sich im Prinzip jedes enghalsige Gefäß, z. B. eine kleine Flasche. Als besonders günstig haben sich Plastikflaschen erwiesen. Diese im unteren Drittel quer durchschneiden und Fliegenlocker in den so entstandenen Becher füllen. Übrigens kann statt Frusip's Kirsche auch jede andere süße Frusip's-Fruchtsorte verwendet werden oder auch etwas Fruchtmarmelade. Der obere Teil der Plastikflasche wird nun ebenfalls quer abgeschnitten, und zwar ca. 5 cm unter der Stelle, an der sich die Flasche auf ihren großen Durchmesser verbreitert. Dieser obere Teil wird nun als eine Art Deckel auf den befüllten unteren Flaschenteil gesetzt. Die Fliegen kommen, angelockt durch den süßen Duft des Fliegenlockers, durch die schmale obere Öffnung in die Flasche hinein und finden danach nicht mehr heraus, oft kleben sie auch am zuckrigen Lockstoff fest.

Abb. 47: Ein „Schiffchen" aus Stechmückeneiern.

Abb. 48: Stechmückenlarven atmen an der Wasseroberfläche.

Bti (*Bacillus thuringiensis var. israelensis*) – die Biowaffe gegen Mücken

Prof. Joel Margalith von der Ben-Gurion-Universität in Israel entdeckte vor gut 20 Jahren eine Pfütze, in der sämtliche Mückenlarven gestorben waren. Das konnte, so dachte er, kein Zufall sein, und tatsächlich deuteten seine Untersuchungen darauf hin, dass ein Bakterium die Ursache des Massensterbens war. Dieses Bakterium zeigte große Ähnlichkeit mit einem in Deutschland gefundenen Bazillus, der für verschiedene Kohl- und Obstraupen tödlich ist. Da der Erreger ausschließlich gegen diese Pflanzenschädlinge wirkt, für Menschen oder andere Tiere aber völlig harmlos ist, nutzen seither viele Anwender diesen Keim im Rahmen des biologischen Pflanzenschutzes. Nach seinem Fundort in Thüringen gaben die Entdecker diesem Bakterium den Namen *Bacillus thuringiensis*.

Bti – *Bacillus thuringiensis var. israelensis*

Der israelische Keim war hingegen für Obst- und Gemüseschädlinge harmlos und nur für Stechmückenlarven tödlich. Es handelte sich hier also um einen anderen Erregerstamm, den Prof. Margalith nach seinem Fundort *Bacillus thuringiensis israelensis* nannte. Die Tod bringende Wirkung steckt in einem Eiweißkristall, den die Bakterien enthalten. Er ist für Mückenlarven extrem giftig, für Menschen, Fische oder sogar andere Insekten ist er dagegen mit Sicherheit harmlos. Bei den Mückenlarven geschieht Folgendes: Der Eiweißkristall in der Bakterie ge-

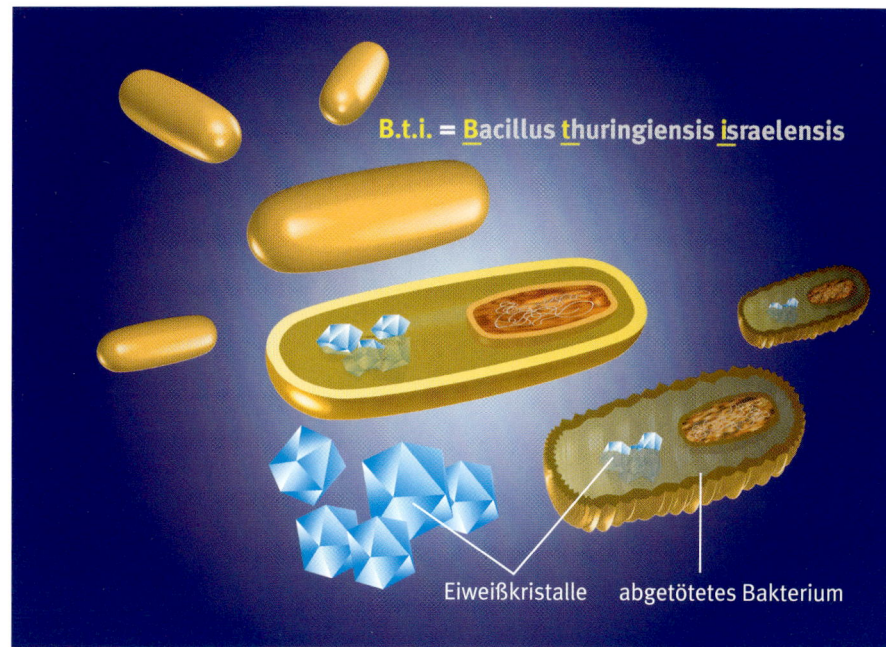

B.t.i. = **B**acillus **th**uringiensis **i**sraelensis

Eiweißkristalle   abgetötetes Bakterium

Abb. 49:   Die Eiweißkristalle der Bti-Bakterien sind für die Stechmückenlarven tödlich.

langt mit der Nahrung in den Darm der Mückenlarve und setzt sich dort fest. Erst wird eine Darmzelle, später die gesamte Darmwand angegriffen, bis mehrere Löcher entstehen. Durch diese Löcher dringt der Darminhalt in den Larvenkörper ein und verursacht eine tödliche Infektion – ähnlich wie ein Blinddarmdurchbruch beim Menschen. Bereits 15 – 20 Minuten nach der Bakterienmahlzeit sterben die ersten Larven, 3 – 4 Stunden später ist auch die letzte Larve tot.

Um alle möglichen Risiken auszuschalten, werden nur tote Bti-Bakterien verwendet, die noch den Eiweißkristall enthalten, sich aber nicht mehr verbreiten können – obwohl aus Sicht der Experten auch hierin keine Gefahr bestehen würde.

Mittlerweile wird Bti seit über 20 Jahren eingesetzt. Während die chemischen Insektizide mit der Zeit an Wirksamkeit verlieren, da die Insekten Resistenzen (Unempfindlichkeiten) entwickeln, ist Bti noch immer genau so wirksam wie am ersten Tag. Das liegt unter anderem

daran, dass der für die Mückenlarven gefährliche Eiweißkristall gleich fünf verschiedene Giftkomponenten enthält, die alle die schädliche Wirkung auf den Mückendarm zeigen. Selbst wenn eine Mücke einem dieser Toxine trotzen könnte, würden die anderen vier Giftkomponenten ihrem Leben immer noch ein Ende setzen.

Heute werden Bti-Bakterien in großen Kulturgefäßen gezüchtet und dann durch Erhitzen abgetötet. Das Produkt kann man sowohl als Pulver, flüssig oder in Tablettenform kaufen. Im gut sortierten Fachhandel, in Pflanzenzentren und sogar Hobbymärkten sind Bti-Präparate mittlerweile erhältlich. Schon winzige Mengen reichen aus, um die Brut der Stechmücken in Gewässern, d. h. im eigenen Gartenteich, in der Regentonne und anderen Wasseransammlungen wie stehende Pfützen, zu bekämpfen. Bti ist verglichen mit den extrem preisgünstigen chemischen Pestiziden zwar etwas teurer, doch dies sollte uns die Sache Wert sein.

Mücken haben feine „Nasen"

Auch Mücken reagieren empfindlich auf Düfte. Während sie Schweiß und Körpergeruch äußerst anziehend finden, fliehen sie geradezu vor bestimmten ätherischen Ölen. Das können Sie sich durch das folgende Ungeziefersäckchen zunutze machen:

Ungeziefersäckchen „Mücke"

> 25 g gemahlene Niemsamen
> 25 g getr. Lavendelblüten
> 20 Tr. Tomatengrün
> (synthetisch)

Gemahlene Niemsamen und getrocknete Lavendelblüten mischen, mit Tomatengrünaroma beträufeln und in ein Baumwollbeutelchen bzw. ein großes Taschentuch geben und zubinden. Dieses Beutelchen kann z. B. auf die Fensterbank, aber auch im Freien auf die Picknickdecke gelegt werden und hält die Mücken fern.

Auch eine Reihe chemischer Verbindungen, die in Mückenabwehrsprays enthalten sind, halten die Insekten fern. Doch deren großflächige Anwendung auf der Haut, insbesondere bei Kindern, ist gesundheitlich nicht unproblematisch. Außerdem gewöhnen sich die Stechinsekten zunehmend an diese künstlichen Gerüche. Deshalb haben wir ungiftige Alternativen entwickelt:

Mückenmischung HT

> 5 ml Tomatengrün
> 5 ml Palmarosaöl
> 5 ml Eukalyptus-citriodora-Öl
> 5 ml Lavendelöl

Alle Zutaten vermischen. Wer in seinem Garten Tomatenpflanzen hat, der kann natürlich auch ein Sträußchen Tomatengrün ins Fenster oder ins Schlafzimmer hängen – das hält die Mücken außen vor, denn sie meiden den Geruch von Tomatenblättern. Auch unser synthetisches Tomatengrün funktioniert hervorragend. Wir haben hier auf das natürliche Tomatengrün verzichtet, da dieses den giftigen Stoff Solanin enthält. Zwar würde wohl kaum jemand auf die Idee kommen, das Tomatengrün zu trinken, dennoch erschien uns diese Maßnahme sicherer, zumal das synthetische Tomatengrün sich in Geruch und Wirkung in nichts vom natürlichen unterscheidet. Eukalyptusöl vom Typ citriodora, Palmarosaöl und Lavendelöl haben sich in der Mückenabwehr besonders gut bewährt.
Diese Basismischung können Sie zur Mückenabwehr in einer Duftlampe einsetzen, oder Sie verarbeiten sie zu einer Mückenabwehrmilch oder -lotion weiter:

Mückenmilch HT

> 20 ml Mückenmischung HT
> (siehe *links*)
> 5 ml LV 41
> 30 ml kosmetisches Basiswasser
> Wasser

Mückenmischung, Lösungsvermittler LV 41 (siehe *Seite 88*) und kosmetisches Basiswasser (siehe *Seite 88*) vermischen. Verdünnen Sie diese Mischung mit der einfachen (ca. 50 ml), doppelten (ca. 100 ml) oder dreifachen (ca. 150 ml) Menge Wasser, sodass eine Milch entsteht. Diese Milch tragen Sie auf Ihre Haut auf und erhalten so einen wirksamen Schutz. Je stärker die Verdünnung, desto schneller verliert sich die Wirkung. Wählen Sie je nach Situation die richtige Konzentration für Ihre Mückenmilch aus.

Mückenlotion HT

1 ml	Mückenmischung HT (siehe *Seite 82*)
10 ml	Wasser
10 g	Cremaba HT

Mückenmischung HT und das Wasser in Cremaba, die Cremebasis der Hobbythek (siehe *Seite 87*), einrühren. Fertig ist eine wirksame Mückenabwehrlotion.

6-Stunden-Mückenrepellent

Ätherische Öle haben, wie ihr Name schon andeutet, leicht flüchtige Eigenschaften und sind schnell verdunstet. Für fette Öle gilt dies nicht. Deshalb haben wir für eine lang anhaltende Wirkung ein Repellent auf Fettbasis entwickelt. Die Insekten abschreckende Wirkung des Niemöls ist hier besonders gut wirksam.

100 g	Kokosöl
2 g	Niemöl
evtl. bis zu 4 TL	Lavendelöl

Das feste Kokosöl im Wasserbad leicht erwärmen, bis es flüssig ist. Niemöl und eventuell Lavendelöl einrühren und das Ganze erkalten lassen. Das Repellent riecht relativ penetrant nach Niemöl. Wer diesen Geruch nicht mag, sollte die Mischung mit Lavendelöl beduften. Da dieses Mittel sehr fettig ist, empfiehlt es sich, nur die frei liegenden Körperpartien wie Hände, Arme und Gesicht damit einzurei-

ben. Beobachtungen bei einem Mückentest an der Bonner Uniklinik zeigten, dass die angriffslustigen Mücken bei diesem Repellent zunächst die behandelten Hautpartien anfliegen und sogar versuchen, dort anzustechen. Doch dann ziehen sie den Stechrüssel „angewidert" zurück, putzen (!) ihn und fliegen weg.

6-Stunden-Luxusrepellent

Unser Luxusrepellent beruht auf dem gleichen Rezept wie unser normales 6-Stunden-Repellent, hat aber den „Luxus", dass es praktisch nicht fettet. Niemöl und Kokosöl wurden hierbei mikroverkapselt, d. h. die winzigen Öltröpfchen sind jetzt von einer wasserfreundlichen Hülle umgeben. Es handelt sich also um ein Niem-Kokos-Ölfluid, das Sie so, wie es ist, verwenden können.

Unser Luxusrepellent kann unverdünnt angewendet werden und zieht gut in die Haut ein. Einfach damit eincremen, fertig. Wem diese Mischung immer noch zu fettig erscheint, der kann sie 1:1 mit Wasser – dann aber zügig verbrauchen – oder mit ½ Teil Wasser und ½ Teil kosmetischem Basiswasser strecken und mit einer kleinen Sprühflasche auf die Haut aufsprühen. Es könnte dann jedoch sein, dass die abschreckende Wirkung schon etwas eher nachlässt.

Wenn sie gestochen hat . . .

Nicht immer ist ein Mückenrepellent zum richtigen Zeitpunkt zur Hand, und so lässt sich ein Mückenstich so manches Mal nicht verhindern. Linderung gegen den quälenden Juckreiz verspricht unser Mücken-Gel:

Mücken-Gel mit Teebaumöl

30 ml	Wasser
1 Messl.	Xanthan (siehe *Seite 88*)
10 Tr.	Teebaumöl
1 Tr.	Strohblumenöl
10 ml	Hamameliswasser
18 Tr.	Meristemextrakt
1 Messl.	LV 41 (siehe *Seite 88*)

Wasser in ein Becherglas oder einen sauberen Tiegel füllen. Xanthan sehr vorsichtig mit dem Messlöffel auf das Wasser aufstreuen, bis die Oberfläche schwach bedeckt ist, dann gut verrühren. Vorgang so oft wiederholen, bis Xanthan vollständig im Wasser verrührt und aufgequollen ist. Auf diese Weise entsteht ein glitschiges Gel. Teebaumöl und Strohblumenöl hinein tropfen. Hamameliswasser und Meristemextrakt miteinander mischen und in das Gel gießen. Zum Schluss den Lösungsvermittler LV 41 dazugeben und alles gut verrühren.

Geben Sie das Gel so schnell wie möglich nach dem Mückenstich auf die Einstichstelle. Das Gel kann auch Linderung bei Wespen- und Bienenstichen spenden;

wegen der Allergiegefahr dieser Insektenstiche sollten Sie jedoch in jedem Fall einen Arzt aufsuchen. Strohblumenöl ist sehr teuer. Wer die Investition scheut, kann diesen Wirkstoff weglassen; allerdings mindert dies die abschwellende Wirkung unseres Mücken-Gels.

Floh & Co.

Der Menschenfloh soll mittlerweile auf der Liste der bedrohten Tierarten stehen. Flohzirkusse klagen über Mangel an Akteuren; Katzen-, Hunde- und Igelflöhe, die anscheinend nicht so gelehrig und deshalb als Artisten ungeeignet sind, gibt es hingegen in Massen. Da diese wiederum auf den Menschen überspringen, werden sie auch für uns zum Problem. Die Flohbekämpfung hilft also nicht nur unserem Heimtier, sondern auch uns. Bereits in unserem Hobbythek-Katzenbuch haben wir Kieselgurpulver (siehe *Seite 76*) zur Bekämpfung der Flöhe an unseren Schmusetigern vorgestellt und seither darauf viel positive Resonanz bekommen.
Stauben Sie Ihre Katze mit dem völlig geruchlosen Pulver ein oder verteilen Sie das Pulver mit der Hand gründlich im Fell. Dabei sollten Sie es auch gegen den Strich in den Pelz bringen. **Achtung:** Staub nicht in Ihre Augen oder die des Tieres bringen. Die Katze sieht jetzt zwar etwas staubig aus, dafür wird sie aber ihre Blut saugenden Plagegeister los. Kieselgurpulver kann natürlich auch ge-

gen Flöhe bei Hunden, Hühnern, Pferden und anderen Tieren eingesetzt werden. Denken Sie daran, auch den Schlafplatz der Tiere zu behandeln. Es empfiehlt sich, ein dünnes Tuch über die Pulverschicht zu legen, da insbesondere Katzen wegen des Staubs ihren Schlafplatz nicht aufsuchen mögen. Zur Bekämpfung der Flohlarven, die gern in Fußbodenritzen leben,

empfiehlt sich unser Hobbythek-Wischwasser gegen Ungeziefer (siehe *Seite 64*). Teppiche können mithilfe einer Pflanzendusche mit wässrigem Niemextrakt (siehe *Seite 65*) eingenebelt werden. Den Schlafplatz Ihres Haustiers können Sie zusätzlich mit dem folgendem Ungeziefersäckchen vorbeugend gegen Flöhe behandeln:

Abb. 50: Mit Niemsamen, Lavendelblüten und Lavendelöl können Sie Ihre Haustiere und damit Ihre Wohnung „flohfrei" halten.

Ungeziefersäckchen „Floh"

> 25 g gemahlene Niemsamen
> 25 g getr. Lavendelblüten
> 20 Tr. Lavendelöl

Niemsamen und Lavendelblüten mischen, Lavendelöl auf diese Mischung tropfen und in ein Baumwollbeutelchen bzw. ein großes Taschentuch geben und zubinden. Dieses Rezept eignet sich besonders für den Schlafplatz Ihres Haustiers, da Lavendel- und Niemgeruch von Hunden und Katzen in der Regel akzeptiert, ja sogar gemocht werden.

Hausstaubmilben lieben warme Betten

Hausstaubmilben bevölkern zu Millionen unsere Wohnung, doch niemand hat sie bisher richtig gesehen. Sie sind so winzig – sie messen nur etwa 0,1 – 0,5 mm –, dass wir sie mit bloßem Auge nicht erkennen können. Sie leben in Matratzen, Kopfkissen, Teppichen und Polstern, lieben Wärme und Feuchtigkeit und ernähren sich in erster Linie von menschlichen Hautschüppchen. Da wir pro Tag ca. 1,5 g davon verlieren, haben sie immer einen reich gedeckten Tisch. Anders als Schaben oder Fliegen sind

Abb. 51: Regelmäßiges Lüften der Bettwäsche ist ein Muss im Kampf gegen die Hausstaubmilben.

Hausstaubmilben eigentlich harmlos, leider gibt es aber viele Menschen, die auf den Kot dieser Tiere allergisch reagieren. Diesen Menschen kann sehr dadurch geholfen werden, wenn die Zahl der „unsichtbaren" Mitbewohner auf ein Minimum gesenkt und der Milbenkot so weit wie möglich entfernt wird.

Wenn in Ihrem Haushalt jemand an Hausstauballergie leidet, dann sollten Sie auf Teppiche verzichten und stattdessen glatte Fußbodenbeläge, die leicht zu reinigen sind, bevorzugen. Ledergarnituren sind für Hausstaubmilben unzugänglich und daher ideal für Allergiker. Matratzen müssen luftzugänglich auf Latten- oder Drahtrosten liegen und regelmäßig abgesaugt werden. Regelmäßiges Lüften der Federbetten und der gesamten Wohnung ist ohnehin eine Selbstverständlichkeit.

Zusätzliche Hilfe gegen die ungebetenen Gäste und weitere Allergie auslösende Stoffe bietet unser Anti-Allergiespray:

Anti-Allergiespray

> 50 Tr. Lebermoosextrakt HT (siehe *Seite 69*) oder alkoholischer Moosextrakt, selbst gemacht (siehe *Seite 68*)
> 15 ml Niemölfluid (siehe *Seite 70*)
> 15 ml kosmetisches Basiswasser (siehe *Seite 88*)

Alle Zutaten miteinander vermischen und in einen Pumpspender mit Sprühkopf füllen. Das Anti-Allergiespray ist insbesondere für den Schlafzimmerbereich geeignet. Es hinterlässt kaum Geruch und, wenn es fein vernebelt aufgesprüht wird, auch keine Flecken. Bettwäsche, Kopfkissen, Federbetten und Matratzen können damit gründlich eingesprüht werden. Sollten doch leichte Ränder entstehen, verschwinden diese nach der nächsten Wäsche. Niemölfluid zeigt hierbei eine abschreckende und schädigende Wirkung auf Hausstaubmilben, Lebermoosextrakt beugt Mikropilzen und den von Allergikern gefürchteten Pilzsporen vor.

Apfelsüße HT

Die hellgelbe sirupartige Apfelsüße HT wird ausschließlich aus Äpfeln gewonnen. Sie enthält ca. 68 % natürliche apfeleigene Zuckerarten, davon etwa 40 % Fructose, 24 % Glucose und 4 % Sorbit. Der Rest ist überwiegend Wasser. Apfelsüße HT hat eine ähnliche Süßkraft wie Zucker.

Betain

Betain wird aus Kokosfett gewonnen, ist also pflanzlichen Ursprungs. Der Name erinnert allerdings an eine ganz andere Pflanze, nämlich an die Rübe, lateinisch „Beta". Das kommt daher, dass der Chemiker C. Scheibler bereits vor 100 Jahren einen ähnlichen Stoff in der Zuckerrübe nachgewiesen hat. Betain ist vollständig biologisch abbaubar und ersetzt das früher von uns verwendete Glycintensid P.

Bienenwachs

Bienenwachs ist ein Naturprodukt aus den Waben der Bienen. Es gibt ihn in ungebleichter (gelb) und in gebleichter Form (weiß). Bienenwachs stabilisiert Wasser-in-Fett-Emulsionen und gibt vor allem Cremes eine gute Konsistenz.

Carnaubawachs

Carnaubawachs stammt von einer besonderen, nur in Südamerika wachsenden Palme. Hier schützt es die Oberfläche der jungen Blätter vor dem Austrocknen. Es handelt sich um ein sehr hartes Wachs, das erst bei 82 – 86 °C schmilzt, weil es vorwiegend aus gesättigten höheren Fettsäuren besteht. Carnaubawachs ist wie Bienenwachs ungiftig und hautfreundlich.

Confonder

Confonder ist ein Zuckeremulgator. Chemisch gesehen handelt es sich um ein Ester aus Zucker und natürlichen Fettsäuren aus Palmkernfrüchten. Damit hat dieser Emulgator einen rein pflanzlichen Ursprung. Das feine beige Pulver ersetzt unsere Lamecreme, die leider nicht mehr produziert wird. Die Einsatzkonzentration liegt bei 6 – 13 %, also leicht über der von Lamecreme, bei der 5 – 10 % verwendet wurden.

Cremaba

Cremaba ist die Basiscreme der Hobbythek. Sie ist sehr leicht zu verarbeiten und lässt sich hervorragend mit Wasser mischen. Deshalb kann man mit Cremaba auch sehr leicht eine Lotion herstellen. Die Rohstoffe in unserer Cremaba stammen aus Sheabutter, Oliven- und Palmkernöl sowie aus wertvollen Lecithinen. Wirkstoffe lassen sich bis zu 10 % einfach kalt in die Cremebasis rühren.

Facetensid –
das Basistensid der Hobbythek

Facetensid ist ein mildes anionisches Tensid, das sich sogar für die Babypflege eignet. Für die Fachleute unter Ihnen: Facetensid gehört zur Gruppe der milden Sulfosuccinate, und zwar ist es ein Citronensäurealkylpolyglykolester-

sulfosuccinat. Für die weniger chemisch Gebildeten ist vielleicht interessant, dass es weitgehend auf natürlichen Rohstoffen wie Zitronensäure und natürlichen Fettalkoholen basiert und ökologisch gut abbaubar ist. Was die Hautverträglichkeit betrifft, so ist es ein richtiges Ausnahmetensid. Mehrere Tests kamen zu dem Ergebnis: Sogar in höherer Konzentration ist Facetensid „nicht reizend", und das gilt sowohl für die Haut als auch für die Schleimhäute. Damit schlägt es einen Großteil anderer Standardtenside, die – so die offizielle Testauswertung – meist als „moderately", also gemäßigt irritierend eingestuft werden. Zur Milde kommen noch weitere gute Eigenschaften. Facetensid bildet einen feinen cremigen Schaum und betätigt sich im Shampoo zusätzlich als Emulgator, d. h. es sorgt dafür, dass sich die einzelnen Bestandteile gut miteinander mischen. Unser Facetensid ersetzt das früher von uns verwendete Collagentensid P.

Frusip's – die Fruchtsirupkonzentrate der Hobbythek

Frusip's sind eine Erfindung der Hobbythek. Es handelt sich dabei um Sirupkonzentrate, die in einem Mischungsverhältnis von 1:40 oder 1:20 fruchtige Getränke ergeben. Frusip's sind mittlerweile in über 40 Sorten erhältlich. Frusip's bestehen zunächst aus Fruchtsaftkonzentrat, d. h. aus hochkonzentriertem Fruchtsaft, der im Vakuum bei 60 °C eingedampft wird. Um ohne

Konservierungsstoffe eine Haltbarkeit von mindestens einem Jahr zu ereeichen, werden noch einige Prozente Fruchtzucker hinzugegeben. Weiterhin sind noch Apfelsäure und natürliche Aromen enthalten.

Gelatine

Gelatine besteht zu 84 – 90 % aus reinem tierischen Eiweiß, 15 % Wasser und 1 – 2 % Mineralsalzen. Sie enthält kein Cholesterin, Purin, Fett oder Kohlenhydrat. Gelatine ist reines Kollagen, ein Gerüsteiweiß, das im menschlichen und tierischen Körper in Knochen, Knorpeln, Bindegewebe und in der Haut vorkommt.
Bei den meisten handelsüblichen Gelatinesorten ist schwer nachvollziehbar, ob das Eiweiß von Rindern oder Schweinen stammt. Wir empfehlen aufgrund der anhaltenden Diskussionen um die Rinderseuche BSE sicherheitshalber zur Zubereitung von Speisen ausschließlich mit reiner Schweinegelatine zu arbeiten. Diese erhalten Sie in vielen Läden, die traditionell die Hobbythek-Produkte führen (siehe Bezugsquellenverzeichnis).

Glycerin

Glycerin ist eine ölig wirkende Flüssigkeit, die allerdings gut wasserlöslich ist, da es sich um einen Alkohol, genauer gesagt um einen dreiwertigen Alkohol, handelt. Glycerin bindet Wasser und verhindert so ein schnelles Austrocknen.

Gummar HT

Bei Gummar HT handelt es sich um eine Substanz mit dem etwas eigenartigen Namen „Gummi arabicum". Die Heimat von Gummi arabicum ist Afrika. Es wird aus dem Harz der Akazien gewonnen, die dort in der Savanne und in Wüstenregionen südlich der Sahara wachsen. Gummi arabicum besteht aus drei verschiedenen Zuckerbausteinen, nämlich Galactose, Arabinose und Ramnose, sowie der organischen Säure Glucoronsäure, die komplex verknüpft sind.

Kalweg

Kalweg besteht aus gesundheitlich völlig unbedenklicher 50%iger Zitronensäure. Es ist ein hervorragendes Mittel, das sich z. B. auch zum Entkalken von Kaffeemaschinen, Wasserkesseln, Dampfbügeleisen usw. eignet. Sie kennen die Substanz vielleicht aus unserem Waschmittelbaukasten, in dem sie als Entkalker eingesetzt wird, oder aus unserem Hobbythekbuch „Rund ums Haar", in dem wir Kalweg in Shampoos verwendet haben.

Kosmetisches Basiswasser

Alkohol oder Weingeist ist bei uns besteuert, egal ob wir ihn trinken oder für kosmetische Anwendungen nutzen. Um dieser Steuer zumindest im Kosmetikbereich zu entgehen, haben wir unseren 95%igen Weingeist leicht parfümiert (1 % Duftzusatz) und mit D-Panthenol (0,5 %) versetzt. Damit entspricht er nicht mehr den Voraussetzungen für Trinkalkohol – davon raten wir auch dringend ab!

LV 41

LV 41 ist ein nichtionischer Lösungsvermittler auf Ricinusölbasis. Er ist gut haut- und schleimhautverträglich und enthält keine Konservierungsstoffe. LV 41 sollte kühl und nach dem Öffnen nicht länger als drei Monate gelagert werden. Es empfiehlt sich, wenn Sie die Produkte mit ätherischen Ölen versetzen, diese zuerst mit LV 41 zu mischen. Da der Lösungsvermittler sehr zähflüssig ist, ist es am besten, ihn mit einer Pipette oder einem Messlöffel zu dosieren.

Oranex HT

Ätherische Öle sind mit Wasser unter normalen Umständen nicht mischbar. Um Orangenöl auch im Putzwasser etc. verwenden zu können, haben wir es in unserem Oranex in eine wasserlösliche Form überführt. Oranex besteht zu 70 % aus Orangenöl und zu 15 % Isopropanol. Isopropanol bildet die Brücke zwischen Wasser und Orangenöl. Es ist zwar nicht genießbar, aber trotzdem für den Menschen weitgehend ungiftig. Es wurde kaltgepresstes und destilliertes Orangenöl im Verhältnis 1:2 verwendet.

Oranex ist ein hervorragendes Reinigungsmittel für Waschbecken, Badewannen, Kacheln und vieles andere mehr. Natürlich können unsere Reiniger auch mit anderen Putzmitteln kombiniert werden, z. B. mit kalklösendem Essig oder Zitronensäure.

Ursprünglich war Orangenöl ein Überflussprodukt, das bei der Verwertung von Orangenschalen für die Tierhaltung anfiel. Inzwischen sind die Preise für Orangenöl auf dem Weltmarkt jedoch erheblich gestiegen, denn die vielfältigen Anwendungsmöglichkeiten haben viele Menschen überzeugt. Und so ist das Produkt heute äußerst begehrt; nicht zuletzt auch durch die Hobbythek wurde es in Deutschland bekannt. Siemens beispielsweise setzt es mittlerweile anstelle der gesundheitsgefährdenden chlorierten Kohlenwasserstoffen ein, mit denen bei der Chip-Produktion Siliciumscheiben gereinigt werden.

Paraben K

Paraben K ist im wesentlichen eine Mischung aus Methyl- und Propylparaben. Methylparaben wirkt gegen Bakterien und Propylparaben zusätzlich noch gegen Pilze. Beide Substanzen ergänzen sich in ihrer Wirkung. Außerdem enthält unser Paraben K noch den antimikrobiellen Duftstoff Benzylalkohol und Farnesol, ein Wirkstoff, der auch im ätherischen Öl vieler Pflanzen vorkommt. Er hemmt das Bakterienwachstum. Paraben ist ein mildes Konservierungsmittel und wird sogar in Lebensmittel eingesetzt. Ein Zusatz von 10 Tropfen Paraben K auf 100 Milliliter reicht für eine Haltbarkeit von drei Monaten aus, bei 20 Tropfen auf 100 Milliliter sind es fünf bis sechs Monate. Eine weitere Erhöhung der Konzentration verlängert die Haltbarkeit nicht mehr.

Perlglanzpigmente

Die Farbpalette der Pigmente reicht von den Grundfarben Rot, Gelb und Blau bis zu schimmernden Bronze-, Gold- und Silbertönen. Der Perlglanzeffekt kommt zustande, wenn das Licht an mikroskopisch dünnen Schichten unterschiedlich stark gebrochen wird und sich die einzelnen reflektierten Strahlen dabei überlagern. Diese Überlagerung nennt man Interferenz. Bei einer Perle beispielsweise lagern hauchdünne, durchsichtige Kalk- und Eiweißschichten übereinander, die das auftreffende Licht unterschiedlich (teil-)reflektieren.

Bei unseren Perlglanzpigmenten entsteht der Perlmutteffekt durch ein Mineral namens Glimmer. Es ist völlig ungiftig und wird in besonders reiner Form vor allem in Indien und Südamerika gewonnen. Dieser Glimmer ist in kleine Plättchen gebrochen und, um den Glitzereffekt zu verstärken, mit Titandioxid überzogen. An den unterschiedlich dicken Schichten dieser beschichteten Plättchen wird das Licht unterschiedlich stark gebrochen, und es entstehen die verschiedenen Farbeindrücke.

Um allerdings besonders brillante Farben zu erhalten, wird dieser Effekt noch durch Zugabe von anorganischen und organischen Farbpigmenten verstärkt, die sich ebenfalls an die Glimmerplättchen anlagern.

Unsere Pigmente sind völlig ungiftig und gut haut- und schleimhautverträglich.

Tegomuls

Das grobe Pulver wird auch im Lebensmittelbereich eingesetzt. Es handelt sich um ein chemisch leicht verändertes Tierfett, das schon bei 50-55 °C schmilzt.

Xanthan

Xanthan ist ein natürlicher Schleimstoff, der als Gelbildner eingesetzt wird. Er entsteht mithilfe von Mikroorganismen beim Gärvorgang von Glucose und ist gut dazu geeignet, bestimmte Produkte zu verdicken.

Register

BIOSHOP, 53840 Troisdorf, Kölner Str. 36a, Tel. 02241-978091, Fax 02203-593065.

*COLIMEX-ZENTRALE, 50996 Köln, Ringstr. 46, Tel. 0221-352072, Fax 0221-352071; Auslieferungsläden: 32312 Lübbecke, Lange Str. 1, Stern-Apotheke, Tel. 05741-7707, Fax 05741-310887; 33102 Paderborn, Bahnhofstr. 18, St.-Christophorus-Drogerie, Tel. 05251-105213, Fax 05251-105252; 38300 Wolfenbüttel, Lange Herzogstr. 13, Tel. 05331-298370, Fax 05331-298570; 41812 Erkelenz, P.-Rüttchen-Str. 13, KONTRA-Center, Tel. 02431-81071, Fax 02431-72674; 42105 Wuppertal, Klotzbahn, Rathausgalerie, Tel./Fax 0202-443988; 42853 Remscheid, Alleestr. 74, Allee-Center, Tel./Fax 02191-927963; 44137 Dortmund, Westenhellweg 68-84, Tel./Fax 0231-1656308;

49808 Lingen/Ems, Lookenstr. 22-24, Multistore Lingen, Tel./Fax 0591-8040707; 50171 Kerpen, Philipp-Schneider-Str. 2-6, Kaufhalle-Center, Tel./Fax 02237-922352; 50226 Frechen, Hauptstr. 99-103, Marktpassage, Tel./Fax 02234-274770; 50354 Hürth, Theresienhöhe, EKZ-Hürth/-Arkaden, Tel./Fax 02233-708538; 50667 Köln, Brüderstr. 7, Rückseite Kaufhalle/Schildergasse, Tel./Fax 0221-2580862; 50858 Köln-Weiden, Aachener Str. 1253, Rhein Center Köln-Weiden , Tel./Fax 02234-709266; 51373 Leverkusen-Wiesdorf, Friedrich-Ebert-Platz 9, city point;51465 Bergisch Gladbach, Richard-Zanders-Str., Kaufhalle, Tel./Fax 02202-43103; 51643 Gummersbach, Wilhelmstr. 7, Vollkorn Naturwarenhandel, Tel. 02261-64784; 52062 Aachen, "Lust for Life", Komphausbadstr. 10, Tel./Fax 0241-4013033; 53111 Bonn, Brüdergasse 4, Tel./Fax 0228-659698; 53721 Siegburg, Am Brauhof 4, Tel./Fax 02241-591160; 53797 Lohmar, Breidtersteegsmühle, Broich & Weber, Tel. 02246-4245, Fax 02246-16418; 56068 Koblenz, Hohenfelder Str. 22, Löhr-Center-Koblenz, Tel./Fax 0261-1004890; 57462 Olpe, Bruchstr. 13, Valentin-Apotheke, Tel./Fax 02761-5190; 58706 Menden, Bahnhofstr. 5, Windrad, Tel. 02373-390301, Fax 02373-390238; 63450 Hanau, Fahrstr. 14, Hobbytee, Tel. 06181-256463; 63739 Aschaffenburg, Steingasse 37, Colimex/Cleopatra, Tel. 06021-26464; 90402 Nürnberg, In „Emotions", Karolinenstr. 11, Tel./Fax 0911-2007760; 94032 Passau, Am Schanzl 10, Turm-Apotheke, Tel. 0851-33377, Fax 0851-32109; 95444 Bayreuth, Maxstr. 16, Schloß-Apotheke, Tel. 0921-65767, Fax 0921-65777.

*DUFT & SCHÖNHEIT, 80331 München, Sendlinger Str. 46, Tel. 089-2608259.

*JANSON GmbH, 76133 Karlsruhe, Kaiserpassage 16, Tel. 0721-26410, Fax 0721-27780.

*KNACK-PUNKT, 73230 Kirchheim, Alleenstr. 87, Tel./Fax 07021-41726; 27472 Cuxhaven, Präsident-Herwig-Str. 40, Tel. 04721-62820.

*KOSMETIK-BAZARE: Interessengemeinschaft der Kosmetik-Bazare e.V., 28203 Bremen, Ostertorsteinweg 25-26, Tel. 0421-701699, Fax 0421-75531; 30159 Hannover, Knochenhauer Str. 6, Tel. 0511-326236, Fax 05066-693505; 30890 Barsinghausen, Breite Str. 7, Tel./Fax 05105-60560; 31582 Nienburg, Georgstr. 11, Tel. 05021-12825, Fax 05021-912242; 31785 Hameln, Thiewall 4, Tel./Fax 05151-22576; 32257 Bünde, Bahnhofstr. 31, Tel. 05223-5133, Fax 05232-71219; 32756 Detmold, Paulinenstr. 9, Tel. 05231-39614, Fax 05231-39691; 33615 Bielefeld, Arndtstr. 51, Tel. 0521-131008, Fax 05232-71219; 34414 Warburg, Hauptstr. 46, Tel. 05641-2311, Fax 05641-60648; 35037 Marburg, Augustinergasse, Tel. 06421-161363, Fax 0641-76450; 35390 Gießen, Frankfurter Str. 1, Tel. 0641-76979, Fax 0641-76450; 37671 Höxter, Am Markt 2a, Tel./Fax 05271-380095; 45130 Essen, Alfredstr. 43, Tel./Fax 0201-796413; 48143 Münster, Ludgeristr. 68, Tel. 0251-518505, Fax 0251-98918; 48431 Rheine, Marktstr. 14, Tel./Fax 05971-15421; 53721 Siegburg, Holzgasse 47, Tel./Fax 02241-590942; 59555 Lippstadt, Blumenstr. 1, Tel. 02941-78466, Fax 02947-5276; 63924 Kleinheubach, Dientzenhofer Str. 14, Tel./Fax 09371-68861; 65183 Wiesbaden, Marktstr. 14, Tel. 0611-379370, Fax 06124-3329; 67655 Kaiserslautern, Grüner Graben 3, Tel./Fax 0631-92527; 71638 Ludwigsburg, Mylius Str. 29, Tel./Fax 07141-927763; 75172 Pforzheim, Bahnhofstr. 9, Tel. 07231-33254, Fax 07452-67025; 97464 Oberwerrn, Bergstr. 7, Tel./Fax 09726-3319.

MARGOTS BIOECKE, 51143 Köln-Porz, Josefstr./Ladenzeile Busbahnhof, Tel. 02203-55242, Fax 02203-593065.

NATURWARENLADEN LÖSCHNER, 97447 Gerolzhofen, Weiße-Turm-Str. 1, Tel. 09382-4115, Fax 09382-5692, e-mail: naturwarenladen@t-online.de.

*PURA NATURA, 90402 Nürnberg, Johannesgasse 55, Tel. 0911-209522, Fax 0911-2447507.

*SPINNRAD GMBH/ZENTRALE, 45899 Gelsenkirchen, Am Bugapark 3, Tel. 0209-17000-0, Tx. 824726 natur d, Fax 0209-17000-40; Auslieferungsläden: 01239 Dresden-Nickern, Dohnaer Str. 246, Tel. 0351-2882089; 04104 Leipzig-City, Willy-Brandt-Platz 5, Tel. 0341-9612205; 04209 Leipzig, Ludwigsburger Str. 9, Tel. 0341-4200024; 04329 Leipzig-Paunsdorf, Paunsdorfer Allee 1, Tel. 0341-2518906; 06254 Günthersdorf bei Leipzig, Saale-Park, Tel. 03463-820803; 07545 Gera, Gera-Arcaden, Heinrichstr. 30, Tel. 0365-8001125; 07743 Jena, Goethe-Galerie, Goethestr., Tel. 03641-890906; 08523 Plauen, EKZ Die Kolonnaden, Bahnhofstr. 11, Tel. 03741-201784; 09125 Chemnitz-Alt Chemnitz, Annaberger Str. 315, Tel. 0371-514226; 10247 Berlin-Friedrichshain, Frankfurter Allee 53, Tel. 030-4276161; 10719 Berlin-Wilmersdorf, Uhlandstr. 43-44, Tel. 030-8814848; 10789 Berlin-Charlottenburg, Europacenter, Breitscheidplatz, Tel. 030-2616106; 12163 Berlin-Steglitz, Forum Steglitz, Schloßstr. 1, Tel. 030-7911080; 12351 Berlin-Gropiusstadt, Gropius Passage, Johannisthaler Chaussee 295, Tel. 030-6030462; 12555 Berlin-Köpenick, Forum Köpenick, Bahnhofstr. 33-38, Tel. 030-6520008; 12619 Berlin-Hellersdorf, Spree-Center, Hellersdorfer Str. 79-81, Tel. 030-5612081; 13055 Berlin-Hohenschönhausen, Allee-Center, Landsberger Allee 277, Tel. 030-97609436; 13357 Berlin-Wedding, Gesundbrunnen-Center, Badstr. 5, Tel. 030-49308939; 13439 Berlin-Prenzlauer Berg, Arcaden, Schönhauser Allee 79, Tel. 030-44652393; 13507 Berlin-Tegel, EKZ, Am Borsigturm 11, Tel. 030-43402270; 15745 Wildau, Center an der A 10, Abfahrt Königs Wusterhausen, Nähe Mega Markt, Tel. 0337-5504696; 16303 Schwedt, Oder-Center, Landgrabenpark 1, Tel. 03332-421942; 17033 Neubrandenburg, Marktplatz-Center, Marktplatz 2, Tel. 0395-5823511; 18055 Rostock, Rostocker Hof, Kröpeliner Str., Tel. 0381-4923281; 19053 Schwerin, Schloßpark-Center, Am Marienplatz 5-6, Tel. 0385-5812255; 20146 Hamburg-Rotherbaum, Grindelallee 116, Tel. 040-4106096; 21073 Hamburg-Harburg, Lüneburger Str. 19, Tel. 040-76753177; 21335 Lüneburg, Grapengießerstr. 25, Tel. 04131-406427; 22083 Hamburg-Barmbek, EKZ, Hamburger Str. 37, Tel. 040-22738862; 22111 Hamburg-Billstedt, Billstedt-Center, Billstedter Platz 39, Tel. 040-73679808; 22143 Hamburg-Rahlstedt, Rahlstedt-Center, Schweriner Str. 8-12, Tel. 040-6779044; 22765 Hamburg-Ottensen, Mercado-Center, Hauptstr. 8, Tel. 040-392310; 22850 Norderstedt-Garstedt, Herold-Center, Berliner Allee 38-44, Tel. 040-52883730; 22869 Schenefeld, Stadtcenter, Kiebitzweg 2, Tel. 040-83099081; 23552 Lübeck, Mühlenstr. 11, Tel. 0451-7063307; 24103 Kiel, Ahlmann Haus, Holstenstr. 34, Tel. 0431-978728; 24534 Neumünster, Marktpassage, Großflecken 51-53, Tel. 04321-41633; 24937 Flensburg, Große Str. 3, Tel. 0461-13761; 25524 Itzehoe, Holstein-Center, Feldschmiedekamp 6, Tel. 04821-65106; 26122 Oldenburg, Achternstr. 22, Tel. 0441-25493; 26382 Wilhelmshaven, Nordseepassage, Bahnhofsplatz 1, Tel. 04421-455308; 26506 Norden, Neuer Weg 38, Tel. 04931-992859; 26603 Aurich, Carolinenhof, Fischteichweg 15-19, Tel. 04941-964327; 26789 Leer, Ems-Park, Nüttermoorer Str. 2, Tel. 0491-9921127; 27568 Bremerhaven, Bürgermeister-Smid-Str. 53, Tel. 0471-44203; 27749 Delmenhorst, Lange Str. 96, Tel. 04221-129331; 28195 Bremen-City, Obernstr. 67, Tel. 0421-1691932; 28203 Bremen-Steintor, Ostertorsteinweg 42/43, Tel. 0421-3399043; 28259 Bremen-Huchting, Roland-Center, Alter Dorfweg 30-50, Tel. 0421-5798506; 30159 Hannover-City, Georgstr. 7, Tel. 0511-7000815; 30823 Garbsen-Mitte, EKZ Mitte, Berenbosteler Str., Tel. 05131-476253; 30853 Langenhagen, City-Center, Marktplatz 5, Tel. 0511-7242488; 30880 Laatzen, Leine EKZ, Marktplatz 11, Tel. 0511-8236700; 31134 Hildesheim, Angoulemeplatz 2, Tel. 05121-57311; 31785 Hameln, Bäckerstr. 40, Tel. 05151-958606; 32052 Herford, Lübbestr. 12-20, Tel. 05221-529654; 32423 Minden, Bäckerstr. 72, Tel. 0571-87580; 32756 Detmold, Lange Str. 36, Tel. 05231-37695; 33098 Paderborn, EKZ, Königsplatz 12, Tel. 05251-281759; 33330 Gütersloh, Münsterstr. 6, Tel. 05241-237071; 33602 Bielefeld, Marktpassage, Tel. 0521-66152; 34117 Kassel, Untere Königstr. 52, Tel. 0561-14339; 35390 Gießen, Kaplansgasse 2-4, Tel. 0641-792393; 35576 Wetzlar, Langgasse 39, Tel. 06441-46952; 36037 Fulda, City Haus, Laden 6, Bahnhofstr. 4, Tel. 0661-240638; 37073 Göttingen, Groner Str. 57/58, Tel. 0551-44700; 38100 Braunschweig-City, Sack 2, Tel. 0531-42032; 38226 Salzgitter-Lebenstedt, Fischzug 12, Tel. 05341-178729; 38440 Wolfsburg, Südkopfcenter, Tel. 05361-15004; 38640 Goslar, Kaiserpassage, Breite Str., Tel. 05321-43963; 39104 Magdeburg-City, City-Carré, Kantstr. 5a, Tel. 0391-5666740; 39326 Hermsdorf, EKZ Elbe-Park an der A 2, Ausfahrt Irxleben, Tel. 039206-52207; 40212 Düsseldorf-City, Schadowstr. 80, Tel. 0211-357105; 40218 Düsseldorf-Friedrichstadt, Friedrichstr. 12, Tel. 0211-3859444; 40477 Düsseldorf-Derendorf, Nordstr. 79, Tel. 0211-4984725; 40597 Düsseldorf-Benrath, Hauptstr. 9, Tel. 0211-7180811; 40721 Hilden, Bismarckpassage, Tel. 02103-581937; 40878 Ratingen, Obernstr. 29, Tel. 02102-993801; 41061 Mönchengladbach-City, Hindenburgstr. 173, Tel. 02161-22728; 41236 Mönchengladbach-Rheydt, Galerie am Marienplatz, im EG, Tel. 02166-619739; 41460 Neuss, Zollstr. 1-7, Tel. 02131-276708; 41539 Dormagen, Rathausgalerie, Kölner Str. 98, Tel. 02133-49045; 41747 Viersen, Hauptstr. 85, Tel. 02162-350549; 42103 Wuppertal-Elberfeld, Herzogstr. 28, Tel. 0202-441281; 42275 Wuppertal-Barmen, Alter Markt 7, Tel. 0202-551753; 42551 Velbert, Friedrichstr. 168, Tel. 02051-52727; 42651 Solingen, Hauptstr. 28, Tel. 0212-204041; 42853 Remscheid, Alleestr. 30, Tel. 02191-420867; 44135 Dortmund-City, Bissenkamp 12-16, Tel. 0231-578936; 44532 Lünen, Lange Str. 32, Tel. 02306-258186; 44575 Castrop-Rauxel, EKZ Widumer Platz, Tel. 02305-27215; 44623 Herne, Bahnhofstr. 45, Tel. 02323-53021; 44787 Bochum-City, Kortumstr. 33, Tel. 0234-66123; 44791 Bochum-Harpen, Ruhrpark Shoppingcenter, Tel. 0234-238516; 44801 Bochum-Querenburg, Uni-Center, Querenburger Höhe 111, Tel. 0234-708679; 45127 Essen-City, City-Center, Porscheplatz 21, Tel. 0201-221295; 45127 Essen-City, Willi-Brandt-Platz 15, Tel. 0201-1769609; 45276 Essen-Steele, Bochumer Str. 16, Tel. 0201-512104;

45329 Essen-Altenessen, EKZ, Altenessener Str. 411, Tel. 0201-333617; 45468 Mülheim-City, Forum City, Hans-Böckler-Platz 10, Tel. 0208-34907; 45472 Mülheim-Heißen, Rhein-Ruhr-Zentrum, Tel. 0208-498192; 45525 Hattingen, Obermarkt 1, Tel. 02324-55691; 45657 Recklinghausen, Kunibertistr. 13, Tel. 02361-24194; 45699 Herten, Ewaldstr. 3-5, Tel. 02366-938616; 45721 Haltern, Merschstr. 6, Tel. 02364-929351; 45768 Marl-Mitte, EKZ Marler Stern, Obere Ladenstr. 68, Tel. 02365-56429; 45879 Gelsenkirchen-City, im WEKA Kaufhaus, Bahnhofstr. 55-65, Tel. 0209-208963; 45894 Gelsenkirchen-Buer, Horster Str. 4, Tel. 0209-398889; 45899 Gelsenkirchen-Horst, in der Spinnrad Zentrale, Am Bugapark 3, Tel. 0209-17000680; 45964 Gladbeck, Hochstr. 29-31, Tel. 02043-21293; 46047 Oberhausen-Neue Mitte, Centroallee 150, Tel. 0208-21970; 46049 Oberhausen-Stadtmitte, Bero-Center 110, Tel. 0208-27065; 46236 Bottrop, Kirchplatz 4, Tel. 02041-684484; 46282 Dorsten, Recklinghäuser Str. 4, Tel. 02362-45748; 46397 Bocholt, Osterstr. 51, Tel. 02871-186024; 46483 Wesel, Hohe Str. 26, Tel. 0281-34794; 46535 Dinslaken, Neustr. 31-33, Tel. 02064-72328; 47051 Duisburg-City, Königstr. 42, Tel. 0203-284497; 47441 Moers, Steinstr. 31, Tel. 02841-23771; 47798 Krefeld-City, Neumarkt 2, Tel. 02151-22547; 47798 Krefeld-City, Hansa Zentrum 42/43, Tel. 02151-395635; 48143 Münster, Ludgeristr. 114, Tel. 0251-42352; 48231 Warendorf, Ostwall 41, Tel. 02581-787789; 48282 Emsdetten, EKZ Villa Nova, Bahnhofstr. 2-8, Tel. 02572-88447; 48431 Rheine, Münsterstr. 6, Tel. 05971-13548; 48653 Coesfeld, Schüppenstr. 12, Tel. 02541-82747; 49074 Osnabrück, Neue Passage, Große Str. 84-85, Tel. 0541-201373; 50672 Köln-City, Olivandenhof, Richmodstr. 10, Tel. 0221-2579488; 50678 Köln-Südstadt, Severinstr. 53, Tel. 0221-3100018; 50765 Köln-Chorweiler, City-Center Chorweiler, Tel. 0221-7088940; 50823 Köln-Ehrenfeld, Venloer Str. 336, Tel. 0221-5103342; 51065 Köln-Mülheim, Galerie, Wiener Platz 1, Tel. 0221-6202754; 51373 Leverkusen, Hauptstr. 73, Tel. 0214-403131; 52062 Aachen-City, Rethelstr. 3, Tel. 0241-25254; 52062 Aachen-City, Adalbertstr. 110, Tel. 0241-20453; 52222 Stolberg, Rathausgalerie, Steinweg 83-89, Tel. 02402-21245; 52249 Eschweiler, Grabenstr. 66, Tel. 02403-15286; 52349 Düren, Josef-Schregel-Str. 48, Tel. 02421-10082; 53111 Bonn-City, Poststr. 4, Tel. 0228-636667; 53177 Bonn-Bad Godesberg, Theaterplatz 2, Tel. 0228-351075; 53757 St. Augustin-Ort, EKZ Huma, Rathausallee 16, Tel. 02241-27040; 53879 Euskirchen, Kino-Center Galleria, Berliner Str., Tel. 02251-782191; 54290 Trier, Fleischstr. 11, Tel. 0651-48237; 55116 Mainz-City, Lotharstr. 9, Tel. 06131-238373; 55116 Mainz-Altstadt, Kirschgarten 4, Tel. 06131-228141; 56068 Koblenz, Löhrstr. 16-20, Tel. 0261-14925; 56564 Neuwied, Langendorfer Str. 111, Tel. 02631-357661; 57072 Siegen, Marburger Str. 34, Tel. 0271-54540; 57072 Siegen, City-Galerie, Am Bahnhof 40, Tel. 0271-2383124; 58096 Hagen, Elberfelder Str. 37, Tel. 02331-17438; 58239 Schwerte, Hüsingstr. 22-24, Tel. 02304-990293; 58452 Witten, Bahnhofstr. 38, Tel. 0302-275122; 58511 Lüdenscheid, EKZ Stern-Center, Tel. 02351-22907; 58636 Iserlohn, Alter Rathausplatz 7, Tel. 02371-23296; 59065 Hamm, Bahnhofstr. 1c, Tel. 02381-20245; 59174 Kamen, Weststr. 16, Tel. 02307-235387; 59227 Ahlen, Oststr. 44, Tel. 02382-806677; 59555 Lippstadt, Lippe-Galerie, Tel. 02941-58332; 60311 Frankfurt-City, Kaiserstr. 11, Tel. 069-291481; 60388 Frankfurt-Bergen-Enkheim, Hessen-Center, Borsigallee 26, Tel. 06109-369596; 60439 Frankfurt-Nordweststadt, Nord-West-Zentrum, Tituscorsostr. 2b, Tel. 069-584800; 63065 Offenbach, Herrenstr. 37, Tel. 069-825648; 63739 Aschaffenburg, City-Galerie, Goldbacher Str. 2, Tel. 06021-12662; 64283 Darmstadt, Wilhelminenstr. 2, Tel. 06151-294525; 65183 Wiesbaden, Langgasse 12, Tel. 0611-9010694; 65549 Limburg, Bahnhofstr. 4, Tel. 06431-25766; 66111 Saarbrücken, Bahnhofstr. 20-30, Tel. 0681-3908994; 66424 Homburg/Saar, Saarpfalz-Center, Talstr. 38a, Tel. 06841-5351; 66538 Neunkirchen, Saarpark-Center, Stummstr. 2, Tel. 06821-177662; 67059 Ludwigshafen, Bismarckstr. 106, Tel. 0621-526664; 67061 Ludwigshafen, EKZ Walzmühle, Yorckstr. 2, Tel. 06215-5669606; 67547 Worms, Obermarkt 12, Tel. 06241-88462; 67655 Kaiserslautern, Pirmasenser Str. 8, Tel. 0631-696114; 68159 Mannheim, U 1, 2, Tel. 0621-1560425; 69115 Heidelberg, Das Carré, Rohrbacher Str. 6-8d, Tel. 06221-166825; 69117 Heidelberg, Hauptstr. 62, Tel. 06221-616166; 70173 Stuttgart-City, Lautenschlagerstr. 3, Tel. 0711-291469; 70372 Stuttgart-Bad Cannstatt, Bahnhofstr. 1-5, Tel. 0711-562113; 71084 Böblingen, Kaufzentrum Sindelfinger Allee, Tel. 07031-233664; 71638 Ludwigsburg, Marstall-Center, Tel. 07141-902879; 72070 Tübingen, Kirchgasse 2, Tel. 07071-52571; 72764 Reutlingen, Metzgerstr. 4, Tel. 07121-320415; 73230 Kirchheim unter Teck, Teck-Center, Stuttgarter Str. 2, Tel. 07021-734270; 73430 Aalen, Marktplatz 20, Tel. 07361-66543; 73728 Esslingen-City, Roßmarkt 1, Tel. 0711-350199; 73733 Esslingen-Weil, Neckar-Center, Weilstr. 227, Tel. 0711-386905; 74072 Heilbronn, Sülmerstr. 34, Tel. 07131-962138; 75172 Pforzheim, Bahnhofstr. 10, Tel. 07231-353071; 76133 Karlsruhe, Kaiserstr. 170, Tel. 0721-24845; 76829 Landau, Rathausplatz 10, Tel. 06341-85818; 77652 Offenburg, Steinstr. 28, Tel. 0781-1665; 78050 Villingen-Schwenningen, Niedere Str. 37, Tel. 07721-32575; 78224 Singen, Scheffelstr. 9, Tel. 07731-68642; 78462 Konstanz, Hussenstr. 24, Tel. 07531-15329; 78532 Tuttlingen, Hecht-Carré, Königstr. 2, Tel. 07461-76961; 79098 Freiburg Rathausgasse 17, Tel. 0761-381213; 80331 München-City, Asamhof, Sendlinger Str. 28, Tel. 089-264159; 80797 München-Nordbad, Schleißheimer Str. 100, Tel. 089-1238685; 83022 Rosenheim, Stadtcenter, Kufsteiner Str. 7, Tel. 08031-33536; 83278 Traunstein, Maxstr. 33, Tel. 0861-69506; 83395 Freilassing, Hauptstr. 29, Tel. 08654-478777; 85057 Ingolstadt-West, West-Park, Tel. 0841-

87822; 86150 Augsburg, Viktoriapassage, Tel. 0821-155482; 87435 Kempten, Fischersteige 4, Tel. 0831-24503; 88212 Ravensburg, Eisenbahnstr. 8, Tel. 0751-14489; 89077 Ulm-Weststadt, Blautal-Center, Blaubeurer Str. 95, Tel. 0731-9314111; 89231 Neu Ulm, Mutschler-Center, Borsigstr. 15, Tel. 0731-723023; 90402 Nürnberg-City, Pfannenschmidsgasse 1, Tel. 0911-2448834; 90473, Nürnberg-Langwasser, Franken-Center, Glogauer Str. 30-38, Tel. 0911-8000152; 90762 Fürth, City-Center, Alexanderstr. 11, Tel. 0911-773663; 91054 Erlangen, Hauptstr. 46, Tel. 09131-201043; 91126 Schwabach, Königstr. 2, Tel. 09122-16849; 93047 Regensburg, Maximilianstr. 14, Tel. 0941-51150; 94469 Deggendorf, Degg´s Einkaufspassage, Hans-Krämer-Str. 31, Tel. 0991-3790052; 95028 Hof, Ludwigstr. 47, Tel. 09281-3641; 95326 Kulmbach, Fritz Einkaufsgalerie, Fritz-Hornschuh-Str. 9, Tel. 09221-947870; 96052 Bamberg, EKZ Atrium, Ludwigstr. 2, Tel. 0951-202588; 96450 Coburg, Steinweg 24, Tel. 09561-99414; 97070 Würzburg, Kaiserstr. 16, Tel. 0931-15608; 98527 Suhl, Lauterbogen-Center, Friedrich-König-Str. 21, Tel. 03681-708536; 99085 Erfurt-Nord, Thüringen-Park an der B 4, Tel. 0361-7462048

In der Schweiz:
DORF-LÄDELI, CH-8863 Buttikon, Kantonsstr. 49, Tel. 055-4441854.
*INTERWEGA Handels GmbH, CH-8863 Buttikon, Kantonsstr. 49, Tel. 055-4441854, Fax 055-4442477.

Die mit * gekennzeichneten Firmen betreiben auch Versandhandel.
Einige Substanzen erhalten Sie auch in Reformhäusern, Drogerien, Apotheken, Bioläden und Lebensmittelläden. Vergleichen Sie die Preise!

Hinweis:
Autoren und Verlag bemühen sich, in diesem Verzeichnis nur Firmen zu nennen, die hinsichtlich der Substanzen und Preise zuverlässig und günstig sind. Trotzdem kann eine Gewährleistung von Autoren und Verlag nicht übernommen werden. Irgendwelche Formen von gesellschaftsrechtlicher Verbindung, Beteiligung und/oder Abhängigkeit zwischen Autoren und Verlag einerseits und den hier aufgeführten Firmen andererseits existieren nicht.

Nachfolgend finden Sie einige Adressen, bei denen Sie spezielle im Buch beschriebene Produkte beziehen können:

Textil-Coll HT von Seite 49 können Sie auch direkt beziehen:
TEXICOLL GbR, 48712 Gescher, Rosenweg 15, Tel. 0 25 42-95 49 67.

Naturfarben:
AURO, 38122 Braunschweig, Alte Frankfurter Str. 211, Tel. 05 31-2 81 41-0.
BIO PIN, 26441 Jever, Linumweg 1, Tel. 0 44 61-75 75-0.
BIOFA, 73087 Boll, Dobelstr. 22 Tel. 0 71 64-9 40 50.
KREIDEZEIT, 31195 Lamspringe, Hindenburgstr. 15-16, Tel. 0 51 83-56 51.
LIVOS, 29568 Wieren, Emern 60, Tel. 0 58 25-88-0.
VOLVOX, 23911 Harmsdorf/Ratzeburg, Ratzeburger Str. 2, Tel. 0 45 41-8 44 47.

Naturfarben und die auf Seite 23 beschriebene Kasein-Pulverfarbe mit Zellulosepulver:
LEINOS, 51491 Heiligenhaus, Weilenburgstr. 29, Tel. 0 20 56-93 26-0.

Spezialversand für Pigmente aller Art, Restauratoren- und Künstlerbedarf:
Fa. Dr. GEORG KREMER, 88317 Aichstetten/Allgäu, Farbmühle, Tel. 0 75 65-10 11.

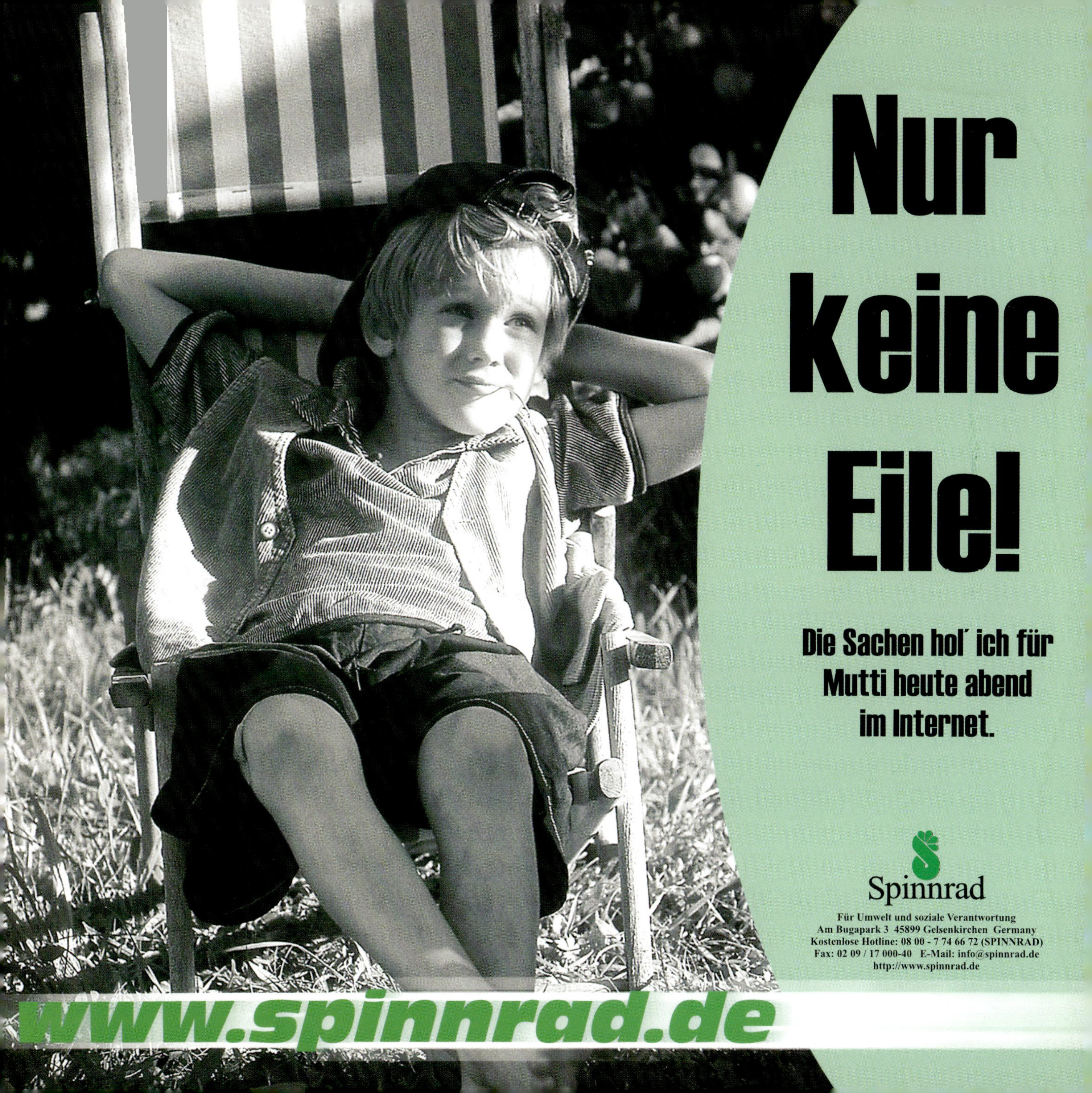

Nur keine Eile!

Die Sachen hol' ich für Mutti heute abend im Internet.